नारद.
मारुती.
मारुती
अंजनी

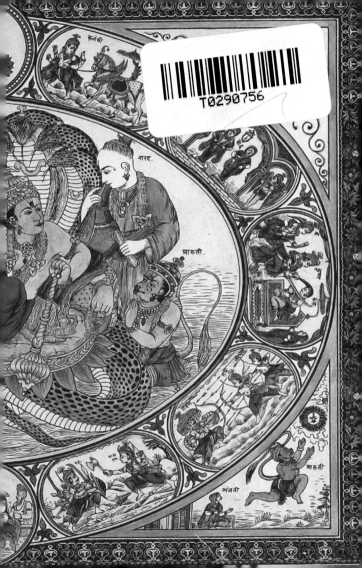

The
POWER
of
HINDU
MANTRAS

ECHOES
OF THE DIVINE

Published 2024

FINGERPRINT! CLASSICS

An imprint of Prakash Books India Pvt. Ltd

113/A, Darya Ganj,
New Delhi-110 002
Email: info@prakashbooks.com/sales@prakashbooks.com

Fingerprint Publishing
@FingerprintP
@fingerprintpublishingbooks
www.fingerprintpublishing.com

ISBN: 978 93 6214 488 1

The POWER *of* HINDU MANTRAS

ECHOES OF THE DIVINE

FP CLASSICS

Publisher's Note

Amantra or hymn—literally "that which protects the mind and enlightens the mind and soul"—is a series of Sanskrit syllables that evoke the primordial energy. It works as a sacred sound that brings blessings to ourselves and others, and as a tool to transform our mind into one that is more compassionate and wise. Mantras can also help in generating a relaxation response, thus giving you a sense of calm, e.g. the Gayatri Mantra which is considered to be one of the most universal of all Hindu mantras, invoking the universal Brahman as the principle of knowledge and the illumination of the primordial Sun. This mantra is extracted from the 10th verse of hymn 62 in Book III of the Rig Veda. It is also considered to be the most sacred and powerful mantra in Yoga, Hinduism and Buddhism. It is said to represent the essence of the universe and all creation. Chanting this mantras is said to remove any form of negativity and ill energies from around us.

Chanting Sanskrit mantras is said to give people the power to achieve goals, attain a higher level of consciousness, and more. Mantras are Vedic in origin and are hymns or chants that rishis or seers have recognized from the Cosmic Mind. This books presents most of the powerful Hindu mantras at one place.

There are other mantras besides the Gayatri mantra, each giving a specific result. Recitation of Surya mantra gives one progeny; recitation of Laxmi mantra gives one wealth; Hanuman mantra confers strength; Mahamrityunjaya mantra helps to get rid of fear of Death.

In this unique book *"Powerful Hindu Mantras— Echoes of the Divine"* the publisher has, for the first time, compiled most useful and powerful Hindu mantras at one place and given lucid Hindi and English meaning to all of them along with their usefulness in our lives. It is hoped that this book will be liked by our readers and it will take them to a spiritual journey which they have not experienced before.

विषय-सूची

गायत्री मंत्र
(Hymn in praise of Gayatri)

ॐ भूर्भुवः स्वः तत्सवितुर्वरेण्यं भर्गो देवस्य धीमहि।
धियो यो नः प्रचोदयात्॥

अर्थ: सृष्टिकर्ता प्रकाशमान परमात्मा के तेज का हम ध्यान करते हैं। परमात्मा का वह तेज हमारी बुद्धि को सन्मार्ग की ओर चलने के लिए प्रेरित करे।

Meaning: We meditate on the glory of the Creator and the luminous God, may that glory of God inspire our intellect and help us move towards the right path.

उपकारिता: जो इस महामंत्र का जाप नियमित रूप से करता है उसको स्वतः ही वरदान मिलने लगते हैं।

Benefits: By chanting Gayatri Mahamantra (hymn) regularly one's self is enlightened, intellect sharpened and one gets all the blessings in life from the almighty.

आशीर्वाद मंत्र
(Hymn for Blessing somone)

सर्वे भवन्तु सुखिनः सर्वे सन्तु निरामयाः।
सर्वे भद्राणि पश्यन्तु मा कश्चिद्दुःखभाग्भवेत्॥
ओम् शान्तिः शान्तिः शान्तिः॥

अर्थः सभी सुखी हों, सभी रोगमुक्त रहें, सभी मंगलमय घटनाओं के साक्षी बनें और किसी को भी दुःख का भागी न बनना पड़े।

Meaning: May all be happy, may all be disease free, may all be witnesses to auspicious events and may no one have to suffer. May all enjoy the supreme bliss.

उपकारिता: सभी के कल्याण के संपूर्ण विचार को दर्शाने वाला यह सबसे सुंदर मंत्र है।

Benefits: This is the most beautiful appealing hymn which wishes the welfare and happiness for all, universally.

शांति मंत्र
(Hymn for World Peace)

असतो मा सद्गमय। तमसो मा ज्योतिर्गमय।
मृत्योर्मामृतं गमय॥ शान्ति शान्ति शान्तिः॥

अर्थ: हे प्रभु मुझे असत्य से सत्य की ओर,
अंधकार से प्रकाश की ओर और मृत्यु से अमरता की
ओर ले चलें।

Meaning: O Lord, lead me from untruth to
truth, from darkness to light and from death to
immortality.

उपकारिता: सबसे पुराने संस्कृत शांति मंत्रों में से एक
यह मंत्र शांति और सद्भाव बनाता। मन और आत्मा को
शुद्ध करता है।

Benefits: This mantra, one of the oldest sanskrit
peace invocation, brings about calmness,
tranquility of mind and harmony. It purifies the
soul.

शांति मंत्र
(Hymn for World Peace)

ओम् सह नाववतु। सह नौ भुनक्तु।
सह वीर्यं करवाव है।
तेजस्विनावधीतमस्तु मा विद्विषाव है।
ओम् शान्तिः शान्तिः शान्तिः॥

अर्थः हे परमेश्वर हम शिष्य और आचार्य दोनों की साथ-साथ रक्षा करें। हम दोनों को साथ-साथ विद्या के फल का भोग कराएं। हम दोनों एक साथ मिलकर विद्या प्राप्ति का सामर्थ्य प्राप्त करें और हम दोनों परस्पर द्वेष न करें।

Meaning: May God protect both the disciple and the teacher together. May both of us enjoy the fruits of knowledge together. May we both together attain the power of knowledge. May we not loathe each other.

उपकारिताः इस मंत्र से मां अन्नपूर्णा प्रसन्न होती हैं। इसका मंत्रोच्चार भोजन से पहले किया जाता है।

Benefits: This prayer is pleasing to the Goddess Annapurna. It helps to improve one's physical and mental health. Recited before meals.

शांति मंत्र
(Hymn for World Peace)

ओम् पूर्णमदः पूर्णमिदं पूर्णात्पूर्णमुदच्यते।
पूर्णश्य पूर्णमादाय पूर्णमेवावशिष्यते।
ओम् शान्तिः शान्तिः शान्तिः॥

अर्थ: परब्रह्म पुरुषोत्तम परमात्मा सभी प्रकार से पूर्ण है। यह जगत भी पूर्ण है, क्योंकि यह जगत उस पूर्ण पुरुषोत्तम से ही उत्पन्न हुआ है। उस पूर्ण में से पूर्ण को निकाल देने पर भी वह पूर्ण ही शेष रहता है।

Meaning: He was/is perfect and complete. It was complete before the origin of the universe, and also thereafter, meaning that another complete is born from one complete, and it is also complete. After the complete comes out of the complete, what is left is also a complete!

उपकारिता: इस मंत्र का नियमित जाप करने से मानसिक स्पष्टता और ध्यान क्षमता में सुधार होता है।

Benefits: This prayer improves clarity of mind and helps in concentration.

श्री गणेश मंत्र
(Hymn in praise of Lord Ganesh)

वक्रतुण्ड महाकाय सूर्यकोटि समप्रभ।
निर्विघ्नं कुरु मे देव सर्वकार्येषु सर्वदा।।

अर्थः घुमावदार सूंड व विशालकाय शरीर और करोड़ों सूर्यों जैसी प्रभा वाले हे मेरे ईश्वर! मेरे समस्त कार्य, सर्वदा विघ्नरहित पूर्ण करने की कृपा कीजिए।

Meaning: O Lord, you who have a curved trunk and of enormous form whose light shines like millions of suns, please help me to accomplish all my work without any hindrance, always.

उपकारिताः गणेशजी के इस प्रचलित मंत्र के जाप से याददाश्त तेज होती और बुद्धि प्रखर बनती है। इसका किसी भी शुभ काम को करने से पहले जाप किया जाता है। इसके जाप से किसी काम की सारी बाधायें दूर हो जाती है।

Benefit: This invocation hymn to Lord Ganesha is chanted before the beginning of any auspicious work. It helps improve memory and the intellect. It also removes all the hindrances which come in the way of accomplishing any work.

श्री गणपति मंत्र
(Hymn in praise of Lord Ganesh)

गजाननं भूतगणाधिसेवितं कपित्थजम्बूफलचारुभक्षणम्।
उमासुतं शोकविनाशकारकम् नमामि विघ्नेश्वरपादपंकजम्॥

अर्थ: हाथी के समान मुख वाले, भूत-गण भी जिनकी सेवा करते हैं, बेल और जामुन को चाव से खाने वाले, शोक विनाशक, देवी उमा के पुत्र और समस्त विघ्नों के विनाशकर्ता श्री गणेशजी को मैं नमन करता हूं।

Meaning: Salutations to Shri Ganesha, the elephant faced, who is served by the wraiths, who eats wood apples and java plum with relish, the destroyer of sorrows, the son of goddess Uma, the destroyer of all obstacles.

उपकारिता: गणपति के इस मंत्र जाप से सभी समस्याएं दूर होती हैं। बाधा-विपत्तीयां कट जाती है।

Benefit: Incantation of this hymn dispels all hurdles one faces in life.

महालक्ष्मी मंत्र
(Obeisance to Goddess of Wealth—Laxmi)

नमस्तेस्तु महामाये श्रीपीठे सुरपूजिते।
शंखचक्रगदाहस्ते महालक्ष्मी नमस्तु ते॥

अर्थ: हे मां लक्ष्मी, आप शक्ति की देवी हैं, आप धन की देवी हैं। आप समस्त देवताओं द्वारा पूजी जाती हैं। हाथों में शंख और चक्र धारण करने वाली ऐसी मां लक्ष्मी को मेरा प्रणाम है।

Meaning: O Mother Lakshmi, you are the goddess of power, you are the goddess of wealth, you are worshipped by all the gods and goddesses. I pay my obeisance to Mother Lakshmi who holds the conch and chakra in her hands.

उपकारिता: इस महालक्ष्मी मंत्र के जाप से वैभव, सौभाग्य, आरोग्य, ऐश्वर्य और शांति मिलती है।

Benefits: Reciting Mahalakshmi mantra one is blessed with good fortune, peace, prosperity and good health in life.

श्रीसूक्त
(Hymns in praise of Goddess Laxmi)

ॐ हिरण्यवर्णां हरिणीं सुवर्णरजतस्त्रजाम्।
चन्द्रां हिरणमयीं लक्ष्मीं जातवेदो म आ वह॥1॥

अर्थः हे सर्वज्ञ अग्निदेव! सुवर्ण के रंगवाली, सोने और चांदी के हार पहनने वाली, चंद्रमा के समान प्रसन्नकांति, स्वर्णमयी लक्ष्मीदेवी का मेरे लिए आवाहन करें।

Meaning: O omniscient fire god! Invoke for me the golden-complexioned goddess Lakshmi, who wears gold and silver necklaces, who shines with joy like the moon.

ॐ तां म आ वह जातवेदो लक्ष्मीमनपगामिनीम्।
यस्यां हिरण्यं विन्देयं गामश्वं पुरुषानहम्॥2॥

अर्थः जिनका कभी विनाश नहीं होता तथा जिनके आगमन से मैं स्वर्ण, गौ, अश्व तथा पुत्रादि को प्राप्त करूंगा, ऐसी लक्ष्मीदेवी का मेरे लिए आवाहन करें।

Meaning: Please invoke for me Goddess Lakshmi, who undestructable and whose only presence will shower me with gold, cows, horses and sons.

ॐ अश्वपूर्वां रथमध्यां हस्तिनादप्रमोदिनीम्।
श्रियं देवीमुपह्वये श्रीर्मा देवी जुषताम्॥3॥

अर्थः जिन देवी के आगे अश्व तथा उनके पीछे रथ रहते हैं तथा जो हस्तिनाद को सुनकर प्रमुदित होती हैं, उन्हीं श्रीदेवी का मैं आवाहन करता/करती हूं, लक्ष्मीदेवी मुझे प्राप्त हों।

Meaning: I appeal to the goddess Sridevi who has horses in front and chariots behind Her and who becomes happy after hearing loud-sound of elephants, may I behold that Lakshmidevi.

ॐ कां सोस्मितां हिरण्यप्राकारामार्द्रां
ज्वलन्तीं तृप्तां तर्पयन्तीम्।
पद्मेस्थितां पद्मवर्णां तामिहोप
हवये श्रियम्॥4॥

अर्थः जो साक्षात् ब्रह्मरूपा, मंद-मंद मुस्कुराने वाली, सोने के आवरण से आवृत्त, दयार्द्र, तेजोमयी, पूर्णकामा, अपने भक्तों पर अनुग्रह करनेवाली, कमल के आसन पर विराजमान तथा पद्मवर्णा हैं, उन लक्ष्मीदेवी का मैं आवाहन करता/करती हूं।

Meaning: I invoke Goddess Lakshmi, who is beautiful, softly smiling, covered with gold, compassionate, radiant, full of desire, gracious to her devotees, seated on a lotus seat and having the complexion of lotus.

चन्द्रां प्रभासां यशसा ज्वलन्तीं
श्रियं लोके देवजुष्टामुदाराम्।
तां पद्मिनीमीं शरणं प्रपद्ये
अलक्ष्मीर्मे नश्यतां त्वां वृणे॥5॥

अर्थ: मैं चंद्रमा के समान शुभ्र कांतिवाली, सुंदर
द्युतिशालिनी, यश से दीप्तिमती, स्वर्गलोक में देवगणों के
द्वारा पूजिता, उदारशीला, पद्महस्ता लक्ष्मीदेवी की शरण
ग्रहण करता/करती हूं। मेरी दरिद्रता दूर हो जाए। मैं
आपकी शरण में हूं।

Meaning: I invoke Goddess Lakshmi, who is as
bright as the moon, beautiful and shining, glowing
with fame, worshiped by the gods in heaven. May
my poverty and sorrow go away. I am in your refuge.

ॐ आदित्यवर्णे तपसोऽधि जातो
वनस्पतिस्तव वृक्षोऽथ बिल्वः।
तस्य फलानि तपसा नुदन्तु
या अन्तरा याश्च बाह्या अलक्ष्मीः॥6॥

अर्थ: हे सूर्य के समान प्रकाशस्वरूपे! तुम्हारे ही तप से
वृक्षों में श्रेष्ठ मंगलमय बिल्व वृक्ष उत्पन्न हुआ। उसके
फल हमारी बाहरी और भीतरी दरिद्रता को दूर करें।

Meaning: O one as bright as the sun! It was due
to your penance that the most auspicious Bilva

tree was born among the trees. May its fruits remove all our sorrows and unhappiness.

ॐ उपैतु मां देवसखः कीर्तिश्चमणिना सह।
प्रादुर्भूतोऽस्मिराष्ट्रेऽस्मिन कीर्तिमृद्धिं ददातु मे॥7॥

अर्थः देवी! देवसखा कुबेर और उनके मित्र मणिभद्र तथा दक्ष प्रजापति की कन्या, कीर्ति मुझे प्राप्त हों अर्थात् मुझे धन और यश की प्राप्ति हो। मैं इस राष्ट्र में उत्पन्न हुआ हूं, मुझे कीर्ति और ऋद्धि प्रदान करें।

Meaning: Goddess! May I receive wealth and fame. I am born in this world full of challenges, please grant me fame, fortune and peace.

ॐ क्षुत्पिपासामलां ज्येष्ठामलक्ष्मीं नाशयाम्यहम्।
अभूतिमसमृद्धिं च सर्वां निर्णुद मे गृहात्॥8॥

अर्थः लक्ष्मी की ज्येष्ठ बहन अलक्ष्मी का नाश चाहता/ चाहती हूं। देवी! मेरे घर से सब प्रकार की दरिद्रता और अमंगल को दूर करो।

Meaning: I want to do away with the Lakshmi's elder sister Alakshmi. Goddess! Please remove all types of poverty and evil from my life.

ॐ गन्धद्वारां दुराधर्षां नित्यपुष्टां करीषिणीम्।
ईश्वरीं सर्वभूतानां तामिहोपह्वये श्रियम्॥9॥

अर्थ: जो दुराधर्षा और नित्यपुष्टा हैं तथा सुगंधयुक्त हैं। पृथ्वी ही जिनका स्वरूप है, सब भूतों की स्वामिनी उन लक्ष्मीदेवी का मैं यहां अपने घर में आवाहन करता/करती हूं।

Meaning: I invoke Goddess Lakshmi in my home, who is strong-willed, kind-hearted, steadfast and full of fragrance.

ॐ मनसः काममाकूतिं वाचः सत्यमशीमहि।
पशूनां रूपमन्नस्य मयि श्रीः श्रयतां यशः॥10॥

अर्थ: मन की कामनाओं और संकल्प की सिद्धि एवं वाणी की सत्यता मुझे प्राप्त हो। गौ आदि पशु–धन एवं विभिन्न प्रकार के अन्न भोग्य पदार्थों के रूप में तथा यश के रूप में श्रीदेवी हमारे यहां आगमन करें।

Meaning: May I have the fulfillment of my heart's desires and the truthfulness of my speech. May Sridevi come to us in the form of live-stocks like cows and various types of food items and in the form of fame.

ॐ कर्दमेन प्रजा भूता मयि सम्भव कर्दम।
श्रियं वासय मे कुले मातरं **पद्ममालिनीम्**॥11॥

अर्थ: लक्ष्मी के पुत्र कर्दम ऋषि की हम संतान हैं। आप हमारे यहां पधारें तथा पद्मों की माला धारण करने वाली माता लक्ष्मीदेवी को हमारे कुल में स्थापित करें।

Meaning: We are the descendants of Kardam, son of Lakshmi. May you be born in our household and place Goddess Lakshmidevi, who wears the garland of lotus flowers, in our family.

ॐ आपः सृजन्तु स्निग्धानि चिक्लीत वस मे गृहे।
नि च देवीं मातरं श्रियं वासय मे कुले॥12॥

अर्थ: आप जल आदि स्निग्ध पदार्थों की सृष्टि करें। लक्ष्मीपुत्र चिक्लीत, आप भी मेरे घर में वास करें और माता लक्ष्मीदेवी का मेरे कुल में निवास कराएं।

Meaning: O Lakshmiputra Chiklit! You also please reside in my house and make Goddess Lakshmidevi reside in my family too.

ॐ आर्द्रां पुष्करिणीं पुष्टिं पिंगलां पद्ममालिनीम्।
चन्द्रां हिरण्मयीं लक्ष्मीं जातवेदो म आ वह॥13॥

अर्थ: अग्नि! आर्द्रस्वभावा, कमलहस्ता, पुष्टिरूपा, पीतवर्णा, पद्मों की माला धारण करनेवाली, चंद्रमा के

समान शुभ्र कांति से युक्त, स्वर्णमयी लक्ष्मीदेवी का मेरे यहां आवाहन करें।

Meaning: Fire! Please welcome to my house the yellow complexioned Lakshmidevi, the one wearing the garland of lotus flowers, having the golden glow like the moon.

ॐ आर्द्रां यः करिणीं यष्टिं सुवर्णां हेममालिनीम्।
सूर्यां हिरण्मयीं लक्ष्मीं जातवेदो म आ वह॥14॥

अर्थ: हे अग्नि! जो दुष्टों का निग्रह करनेवाली होने पर भी कोमल स्वभाव की हैं, जो मंगलदायिनी, अवलंबन प्रदान करने वाली, सुंदर वर्णवाली, सुवर्णमालाधारिणी, सूर्यस्वरूपा तथा हिरण्यमयी हैं, उन लक्ष्मीदेवी का मेरे लिए आवाहन करें।

Meaning: Hey Agni! Invoke for me Goddess Lakshmi, who destroys the wicked yet has a gentle nature, who gives auspiciousness, who provides support, who has a beautiful complexion, who wears a gold garland, who has the beauty of the sun.

उपकारिता: श्री सूक्त का पाठ करने से मां लक्ष्मी की कृपा प्राप्त होती है। दरिद्रता और कर्ज से छुटकारा मिल जाता है।

Benefits: Reciting ShriSukta one gets the blessings of Goddess Lakshmi, gets relief from poverty, debt and becomes prosperous.

सरस्वती श्लोक

(Hymns in Praise of Goddess Saraswati— Goddess of Learning and Knowledge)

या कुंदेंदुतुषारहार धवला या शुभ्र वस्त्रावृता
या वीणावरदंडमंडितकरा या श्वेतपद्मासना।
या ब्रह्माच्युतशंकरप्रभृतिभिर्देवै: सदा वन्दिता
सा मां पातु सरस्वती भगवती निःशेष जाड्यापहा।।

अर्थ: जो विद्या देवी कुंद के सफेद पुष्प, शीतल चंद्रमा,
हिमराशि और मोती के हार की तरह श्वेत वर्ण की हैं
और जिन्होंने श्वेत वर्ण के वस्त्र धारण किए हुए हैं,
जिनके हाथ में वीणा शोभायमान है और जो श्वेत कमल
पर विराजित हैं तथा ब्रह्मा, विष्णु और महेश आदि सभी
देवता जिनकी नित्य वंदना करते हैं, वे अज्ञान के
अंधकार को दूर करने वाली मां सरस्वती भगतवी हमारी
रक्षा करें। हमें विद्या प्रदान करें।

Meaning: The Goddess of Leaning Sarasvti, who
is white in complexion like the jasmine flower, as
cool as moon, the glacier and the pearl necklace,
who is wearing white clothes, has a beautiful
Veena in her hand and who is seated on a white
lotus, who is worshipped by Brahma, Vishnu and
Mahesh and all other gods and goddesses, whom
we worship daily, may the same mother Bhagwati

who removes the darkness of ignorance, protect us, and bless us with intellect and knowledge.

उपकारिता: कुशाग्र बुद्धि और ज्ञान के लिए मां सरस्वती के इस मंत्र का जाप करें।

Benefits: This hymn, the invocation of Ma Saraswati enhances the intellect, knowledge and mental versatility.

सरस्वती श्लोक
(Obeisance to Saraswati—Goddess of Knowledge)

सरस्वती नमस्तुभ्यं, वरदे कामरूपिणी।
विद्यारम्भं करिष्यामि सिद्धिर्भवतु मे सदा।।

अर्थ: ज्ञान की देवी मां सरस्वती को मेरा प्रणाम, वरदामिनी मां भगवती को मेरा प्रणाम, अपनी विद्या प्रारंभ करने से पूर्ण मेरा प्रणाम स्वीकार करें और मुझ पर अपनी कृपा बनाए रखें।

Meaning: My salutations to Mother Saraswati, the goddess of knowledge, my salutations to Mother Goddess Bhagwati, I beseech you to accept my salutations before starting my studies, shower your blessings on me.

उपकारिता: इस महत्त्वपूर्ण मंत्र का जाप विद्या, बुद्धि और ज्ञान की प्राप्ति के लिए किया जाता है।

Benefits: This important hymn is vital for acquiring knowledge and it sharpens the mental capabilities. It is chanted before starting of studies.

सूर्य आराधना मंत्र
(Hymn in the praise of Sun)

**आदित्यनमस्कारान् ये कुर्वन्ति दिने दिने दीर्घ आयुर्बलं वीर्य तेजस तेषां च जायत।
अकालमृत्युहरणम सर्वव्याधिविनाशम सूर्यपादोदकं तीर्थ जठरे धरायाम्यहम॥**

अर्थः ऐसे देवता को प्रणाम करता/करती हूं, जो हमारा कल्याण करते हैं, रोग मुक्त रखते हैं, धन संपदा देते हैं, जो मुझे सच्चा मार्ग दिखाते हैं, ऐसी दिव्य ज्योति को नमस्कार है।

Meaning: I bow to such a God, who brings welfare, keeps me free from diseases, gives wealth and prosperity, who shows me the true path, and enlightens my mind. I bow to such divine light.

उपकारिताः जो लोग सूर्य को प्रतिदिन नमस्कार करते हैं, उन्हें सहस्रों जन्म में भी दरिद्रता नहीं होती। उनका मन-मस्तिस्क ज्ञान के आलोक से आलोकित हो जाता है।

Benefits: Saluting to the Sun (god) keeps away poverty and deprivation, enlightens one's mind and soul.

सूर्य नमस्कार मंत्र
(Hymns in praise of Sun)

नीचे सूर्य से संबंधित कुछ मंत्र दिए गए हैं। यदि इन मंत्रों को दोहराते हुए सूर्य नमस्कार किया जाता है, तो उनके अनेकों लाभ होते हैं।

1. ओम् मित्राय नमः। (मित्र को प्रणाम)
   (Greetings to a friend)

2. ओम् रवये नमः। (प्रकाशवान् को प्रणाम)
   (Salute to the enlightened one)

3. ओम् सूर्याय नमः। (क्रियाओं के प्रेरक को प्रणाम)
   (Salute to the inspirer of actions)

4. ओम् भानवे नमः। (प्रदीप्त होने वाले को प्रणाम)
   (Salute to the one who shines)

5. ओम् खगाय नमः। (आकाशगामी को प्रणाम)
   (Salute to the celestial)

6. ओम् पुष्णे नमः। (पोषक को प्रणाम)
   (Salute to the nurturer)

7. ओम् हिरण्यगर्भाय नमः। (स्वर्णिम विश्वात्मा को प्रणाम)
   (Salute to the golden core of the universe)

8. ओम् मरीचये नमः। (सूर्य रश्मियों को प्रणाम)
(Salute to the sunrays)

9. ओम् आदित्याय नमः। (अदिति-सुत को प्रणाम)
(Salute to the son of Aditi)

10. ओम् सवित्रे नमः। (सूर्य की उद्द को प्रणाम)
(Salute the energy of the Sun)

11. ओम् अर्काय नमः। (ऊर्जा को प्रणाम)
(Salute to energy)

12. ओम् भास्कराय नमः। (आत्म-ज्ञान के प्रेरक को प्रणाम)
(Salute to the inspirer of enlightenment)

उपकारिता: सूर्य नमस्कार मंत्र का प्रतिदिन जाप करने से आत्म-विश्वास, आत्म-बल और मुखमंडल का तेज बढ़ता है।

Benefits: Chanting these hymns daily increases self confidence, inner strength and brings about a glowing visage.

इष्टदेव मंत्र

(Hymn in praise of the Supreme Lord)

त्वमेव माता च पिता त्वमेव,
त्वमेव बन्धुश्च सखा त्वमेव।
त्वमेव विद्या च द्रविणं त्वमेव,
त्वमेव सर्वम मम देव देवः॥

अर्थः प्रभु, आप ही माता, आप ही पिता हैं, आप ही बंधु और सखा भी आप ही हैं। आप ही विद्या हैं, आप ही धन हैं। हे देवताओं के देव! आप ही मेरा सर्वस्व हैं।

Meaning: Lord, you are the mother, you are the father, you are my brother and friend. You are knowledge, you are wealth. O Lord of gods! You are my everything one can think of.

उपकारिताः यह अपने इष्ट सर्वशक्तिमान को स्मरण करने के लिए बोला जाने वाला मंत्र है।

Benefits: This incantation invokes the all powerful Divine Forces, all persuading god (force). Incantation of this hymn helps in concentrating mind which helps in accomplishing any work.

श्री हनुमान मंत्र
(Hymn in praise of Hanuman)

ॐ नमो हनुमते रुद्रावताराय सर्वशत्रुसंहारणाय।
सर्वरोग हराय सर्ववशीकरणाय रामदूताय स्वाहा।।

अर्थ: हे हनुमान, आप रुद्र के अवतार हो और रामदूत हैं। हमारे सभी शत्रु का नाश कीजिए। अपनी कृपा दृष्टि से सभी रोगों का हरण कीजिए। हे रामदूत, हम आपसे प्रार्थना करते हैं कि आपकी कृपा से हमारे सभी कार्य में सफलता और कीर्ति प्राप्त हो। हे संकटमोचन देव, हम आपको प्रणाम करते हैं।

Meaning: O Hanuman, you are the incarnation of Rudra and the messenger of Ram. Destroy all our enemies, eliminate all the diseases with your kindness. O messenger of Ram, we pray to you that by your grace we may get success and fame in all our work. O trouble-shooter, we bow to you.

उपकारिता: इस मंत्र के जाप करने से मनुष्य को सब संकटों से मुक्ति मिलती है।

Benefits: By reciting this mantra (hymn) devotees comes out of all the troubles in life.

श्री हनुमान मंत्र
(Hymn in praise of Lord Hanuman)

अतुलितबलधामं हेमशैलाभदेहं
दनुजवनकृशानुं ज्ञानिनामग्रगण्यम्।
सकलगुणनिधानं वानराणामधीशं
रघुपतिप्रियभक्तं वातजातं नमामि।।

अर्थ: अतुल बल के धाम, सुमेरु पर्वत के समान कांति से युक्त शरीरवाले, दैत्य रूपी वन का ध्वंस करने हेतु अग्नि रूप, ज्ञानियों में अग्रगण्य, संपूर्ण गुणों के निधान, वानरों के स्वामी, श्री रघुनाथजी के प्रिय भक्त पवनपुत्र श्री हनुमानजी को मैं प्रणाम करता/करती हूं।

Meaning: I pay my obeisance to Lord Hanuman, the son of Pawan, the beloved devotee of Sri Raghunath, the lord of monkeys, the abode of immense strength, having a body as radiant as mount Sumeru, the one who has the strength of fire to destroy the forest of demons, the foremost among the knowledgeable, the embodiment of all the virtues, the master of monkeys, the favorite devotee of Shri Raghunath.

उपकारिता: हनुमान स्तुति मंत्र का जाप करने से हनुमानजी का आशीर्वाद बना रहता है और सारी परेशानियां दूर होती हैं।

Benefit: By reciting this hymn Lord Hanuman is pleased, he showers us with his blessings to make our lives free of trouble and full of happiness.

श्री हनुमान चालीसा
(Forty hymns in praise of Lord Hanuman)

दोहा

श्री गुरु चरण सरोज रज, निज मन मुकुरु सुधारि।
बरनऊं रघुवर बिमल जसु, जो दायकु फल चारि।
बुद्धिहीन तनु जानिके, सुमिरो पवन कुमार।
बल बुद्धि विद्या देहु मोहिं, हरहु कलेश विकार॥

अर्थ: श्री गुरुजी के चरण कमलों की धूल से अपने मन दर्पण को पवित्र करके श्री रघुवीर के निर्मल यश का वर्णन करता/करती हूं, जो चारों फल-धर्म, अर्थ, काम और मोक्ष को देने वाले हैं। हे पवन कुमार! मैं आपको सुमिरन करता/करती हूं। आप तो जानते ही हैं कि मेरा शरीर और बुद्धि निर्बल है। मुझे शारीरिक बल, सद्बुद्धि एवं ज्ञान प्रदान कीजिए और मेरे दु:खों व दोषों का नाश कर दीजिए।

Meaning: Having purified the mirror of my mind with the dust of the lotus feet of the Guru, I describe the pure glory of Shri Raghuveer, who blesses us with the four fruits of Dharma, Artha, Kama and Moksha. Hey Pawan Kumar! I pray to you. You know that my body and intellect are weak. Give me strength, wisdom and knowledge and destroy my sorrows and faults.

चौपाई

(In praise of Lord Hanuman)

जय हनुमान ज्ञान गुण सागर,
जय कपीस तिहुं लोक उजागर॥1॥

अर्थ: श्री हनुमानजी, आपकी जय हो, आप ज्ञान और गुण के सागर हैं। हे कपीश्वर, आपकी जय हो, तीनों लोकों में आपकी कीर्ति है।

Meaning: Glory to you Lord Hanuman, you are like an ocean of knowledge and virtues, glory to you in all the three worlds.

राम दूत अतुलित बल धामा।
अंजनि पुत्र पवनसुत नामा॥2॥

अर्थ: हे रामदूत! संसार में आपसे बलवान और कोई नहीं है। आप पवनसुत और अंजनीपुत्र के नाम से भी जाने जाते हैं।

Meaning: Hey Messenger of Lord Rama! There is no one stronger than you in this world. You are also known as Pavansut and Anjaniputra (son of Pawan and Anjani).

महावीर विक्रम बजरंगी,
कुमति निवार सुमति के संगी॥3॥

अर्थ: हे महावीर बजरंग बली, आप महान पराक्रमी हैं। आप कुबुद्धि को दूर करते हैं और सुबुद्धि वालों के सहायक होते हैं।

Meaning: O Mahavir Bajrang Bali, you are all mighty. You remove all the evils from this world and are a companion and helper to those with good intentions.

कंचन बरन बिराज सुबेसा
कानन कुंडल कुंचित केसा॥4॥

अर्थ: आप सुनहरे रंग, सुंदर वस्त्रों से तथा कानों में कुंडल और घुंघराले बालों से सुशोभित हैं।

Meaning: You are adorned with golden complexion, beautiful clothes, earrings and curly hair.

हाथ ब्रज और ध्वजा विराजे
कांधे मूंज जनेऊ साजे॥5॥

अर्थ: आपके हाथों में वज्र और ध्वजा शोभायमान हो रहे हैं तथा आपके कंधे पर मूंज का जनेऊ शोभित है।

Meaning: You have a thunderbolt and flag in your hands and a sacred thread is adorned on your shoulder.

शंकर स्वयं केसरी नंदन
तेज प्रताप महा जगवंदन॥6॥

अर्थ: हे शंकर के अवतार, हे केसरीनंदन, आपके
पराक्रम और महान यश की संसार भर में वंदना होती है।

Meaning: O incarnation of Lord Shiva, O
Kesarinandan, tale of your bravery is well-known
throughout the world.

विद्यावान गुणी अति चातुर।
राम काज करिबे को आतुर॥7॥

अर्थ: हे महावीर! आप अत्यंत विद्यावान, गुणवान और
चतुर हैं। श्रीराम के सभी काज करने के लिए आप सदा
आतुर रहते हैं।

Meaning: You are very learned, virtuous and full
of wisdom, you are always eager to do the work
given to you by Lord Rama.

प्रभु चरित्र सुनिबे को रसिया।
राम लखन सीता मनबसिया॥8॥

अर्थ: हे महाबली! आप श्रीराम के गुणगान का आनंद
रस लेते हैं। श्रीराम, लखन और सीता सर्वदा आपके
हृदय में बसे रहते हैं।

Meaning: You always enjoy singing songs in praise of Lord Rama. Rama, Lakshman and Sita reside in your heart.

सूक्ष्म रूप धरि सियहिं दिखावा।
विकट रूप धरि लंक जरावा॥9॥

अर्थ: आपने अति सूक्ष्म रूप धारण करके माता सीता को सम्मुख प्रकट हुए तथा विकट रूप धारण करके रावण की लंका जलाई।

Meaning: By assuming a very tiny form, you appeared before mother Sita and by assuming a terrible big form, you burned down Ravana's Lanka.

भीम रूप धरि असुर संहारे।
रामचंद्र के काज संवारे॥10॥

अर्थ: आपने भयंकर रूप धारण करके राक्षसों का संहार किया और श्रीरामचंद्र के उद्देश्य को सफल बनाने में सहयोग दिया।

Meaning: You assumed a fierce form and killed the demons and helped in making Lord Ramchandra's mission successful.

लाय सजीवन लखन जियाये।
श्री रघुवीर हरषि उर लाये॥11॥

अर्थ: आपने संजीवनी बूटी लाकर लक्ष्मण के प्राणों की रक्षा की, तब श्री रामचंद्रजी ने हर्षित होकर आपको हृदय से लगा लिया।

Meaning: You saved Lakshman's life by bringing Sanjeevani, thus Shri Ramchandra was delighted and embraced you.

रघुपति किन्हीं बहुत बड़ाई।
तुम मम प्रिय भरतहि सम भाई॥12॥

अर्थ: हे अंजनीनंदन! प्रभु श्रीराम ने आपकी बहुत प्रशंसा की और कहा कि आप मुझे मेरे भ्राता भरत के समान अति प्रिय हैं।

Meaning: Hey son of Anjana! Lord Shri Ram praised you a lot and said that you are as dear to him as his brother Bharat.

सहस बदन तुम्हारो जस गावैं।
अस कहिं श्रीपति कंठ लगावैं॥13॥

अर्थ: श्रीरामचंद्र ने आपको हृदय से लगा लिया यह कहकर की तुम्हारा यश हजारों मुखों से सराहनीय है।

Meaning: Lord Ramchandra embraced you by saying that your deeds are appreciated by thousands all over the world.

सनकादिक ब्रह्मादि मुनीसा।
नारद सारद सहित अहीसा॥14॥

अर्थ: सनक, सनातन, सनंदन, सनत कुमार आदि मुनि
और ब्रह्मा आदि देवता नारद, सरस्वती देवी, शेषनाग
सभी आपका गुणगान करते हैं।

Meaning: Sages like Sanak, Sanatan, Sanandan,
Sant Kumar, Brahma, god and goddesses like
Narad, Saraswati, Vishnu Sleeping on Sheshnaag
sing in your praise.

जम कुबेर दिकपाल जहां ते।
कवि कोविद कहि सके कहां ते॥15॥

अर्थ: यमराज, कुबेर आदि सब दिशाओं के रक्षक, कवि
विद्वान, पंडित या कोई भी आपके यश का संपूर्ण वर्णन
करने में सक्षम नहीं है।

Meaning: Yamraj, Kuber, protector of all poets,
scholars, or anyone else are not able to fathom
your fame completely.

तुम उपकार सुग्रीवहिं कीन्हा।
राम मिलाय राज पद दीन्हा॥16॥

अर्थ: आपने वानरराज सुग्रीव को श्रीरामचंद्र से मिलाकर
महान उपकार किया, जिसके कारण वे राजा बने।

Meaning: You did a great favour to Monkey King Sugriva by uniting him with Shri Ramchandra, due to which he could became the king.

तुम्हरो मंत्र बिभीषण माना।
लंकेश्वर भये सब जग जाना॥17॥

अर्थः आपके उपदेश का अनुसरण कर विभीषण लंका के राजा बने, यह बात समस्त संसार जानता है।

Meaning: The whole world knows that Vibhishan became the king of Lanka by following your advice.

जुग सहस्त्र योजन पर भानू।
लील्यो ताहि मधुर फल जानू॥18॥

अर्थः जो सूर्य हजारों योजन दूर है, उस तक पहुंचने के लिए युग-भर का समय लगता है, उस सूर्य को आपने मीठा फल समझ कर निगल लिया।

Meaning: The sun which is thousands of miles away and which take thousands of years to reach, you swallowed that sun thinking it a sweet fruit.

प्रभु मुद्रिका मेलि मुख माहीं।
जलधि लांघि गये अचरज नाहीं॥19॥

अर्थ: आपने श्रीरामचंद्रजी की अंगूठी को मुंह में रखकर आपने समुद्र लांघ लिया, आपके लिए ऐसा करना आश्चर्य की बात नहीं है।

Meaning: You crossed the ocean with Shri Ramchandraji's ring in your mouth, it is not at all difficult for you to do so.

दुर्गम काज जगत के जेते।
सुगम अनुग्रह तुम्हरे तेते॥20॥

अर्थ: संसार के कठिन-से-कठिन काम भी आपकी कृपा से बिना किसी विघ्न-बाधा के सहज हो जाते हैं।

Meaning: Even the most difficult tasks of the world become easy by your grace.

राम दुआरे तुम रखवारे।
होत न आज्ञा बिनु पैसारे॥21॥

अर्थ: आप श्रीरामचंद्रजी के महल के द्वार के द्वारपाल हैं। आपकी आज्ञा के बिना किसी को प्रवेश नहीं मिल सकता अर्थात् आपकी प्रसन्नता के बिना श्रीराम की कृपा दुर्लभ है।

Meaning: You are the keeper of the door of Shri Ramchandraji's palace, no one can enter the palace without your permission.

सब सुख लहै तुम्हारी सरना।
तुम रक्षक काहू को डरना॥22॥

अर्थ: जो कोई भी आपकी शरण में आता है, उस व्यक्ति को सभी सुख प्राप्त हो जात हैं, और जब आप रक्षक हैं, तो फिर किसी का डर नहीं रहता।

Meaning: Whoever takes refuge in you, attains all happiness, and when you are the protector, then there is no fear of anyone.

आपन तेज सम्हारो आपै।
तीनहु लोक हांक ते कापैं॥23॥

अर्थ: आपके तेज को केवल आप ही सहन कर सकते हैं, आपकी गर्जना से तीनों लोक कांप जाते हैं।

Meaning: You are such a flash of light which only you can hold, your roar makes all three worlds tremble.

भूत पिशाच निकट नहिं आवै।
महावीर जब नाम सुनावे॥24॥

अर्थ: जहां हनुमानजी का नाम सुनाया जाता है, वहां भूत-पिशाच निकट नहीं आ सकते।

Meaning: Where the name of Lord Hanuman is recited, demons and evil spirits cannot come near there.

नासै रोग हरै सब पीरा।
जपत निरंतर हनुमत वीरा॥25॥

अर्थ: हनुमानजी के नाम का निरंतर जप करने से सब रोग, कष्ट दूर हैं जाते हैं।

Meaning: Hanumanji, by continuously chanting your name all diseases and troubles go away.

संकट ते हनुमान छुड़ावै।
मन-क्रम-बचन ध्यान जो लावै॥26॥

अर्थ: जो मन और क्रम वचन से अपना ध्यान आप में लगाते हैं, उन्हें आप सब संकटों से मुक्ति दिला देते हैं।

Meaning: Whoever takes refuge in you, becomes free from all the worries and trouble of the world.

सब पर रामराय सिरताजा।
तिनके काज सकल तुम साजा॥27॥

अर्थ: राजा श्रीरामचंद्रजी सर्वश्रेष्ठ हैं, उनके सब कार्यों को आपने सहजता से कर दिया।

Meaning: You completed all tasks given to you by the great King Ramchandran with ease.

और मनोरथ जो कोई लावै।
सोइ अमित जीवन फल पावै॥28॥

अर्थ: आपकी कृपा-मात्र से सभी मनोरथ पूर्ण होते हैं। भक्त को ऐसा फल मिलता है जिसकी जीवन में कोई सीमा नहीं होती।

Meaning: By your grace all the wishes are fulfilled and one gets unending happiness in life.

चारों जुग परताप तुम्हारा।
है परसिद्ध जगत उजियारा॥29॥

अर्थ: आपका यश चारों युगों में विद्यमान है। संपूर्ण जगत में आपकी कीर्ति प्रकाशमान है।

Meaning: Your fame has surpased all the yugas (ages) and the entire world praises you.

साधु संत के तुम रखवारे।
असुर निकंदन राम दुलारे॥30॥

अर्थ: हे श्रीराम के दुलारे, आप साधु-संतों की रक्षा करते हैं और दुष्टों का सर्वनाश करते हैं।

Meaning: O beloved of Shri Ram, you protect the saints and destroy the wicked and evils.

अष्ट सिद्धि नव निधि के दाता।
अस बर दीन जानकी माता॥31॥

अर्थ: आपको माता श्रीजानकी से ऐसा वरदान मिला हुआ है, जिससे आप किसी भी भक्त को आठों सिद्धियां और नौ निधियां प्रदान कर सकते हैं।

Meaning: You have received such a boon from Mata Shri Janaki, through which you can give all eight siddhis and nine nidhis to any of your devotees.

राम रसायन तुम्हरे पासा।
सादर हो रघुपति के दासा॥32॥

अर्थ: आप सदैव श्रीरघुनाथजी की शरण में रहते हैं। आपके पास सभी रोगों के नाश के लिए राम-नाम की औषधि है।

Meaning: You always remain closer to Shri Raghunathji, and thus you have the medicine named Ram which is cure of all diseases.

तुम्हरे भजन राम को पावै।
जनम जनम के दुख बिसरावै॥33॥

अर्थ: आपका भजन करने से भक्त को श्रीराम के दर्शन होते हैं और जन्म-जन्मांतर के दुख दूर होते हैं।

Meaning: By worshiping you, a devotee gets to see Shri Ram and the sorrows of several lives are taken away.

अंतकाल रघुबरपुर जाई।
जहां जन्म हरि भक्त कहाई॥34॥

अर्थ: आपके भजन के प्रभाव से अंत समय लोग श्रीरघुनाथजी के धाम को जाते हैं और हरि भक्त कहलाते हैं।

Meaning: By singing song in praise of you people go to the abode of Shri Raghunathji at the end of their lives and are called Hari devotees.

और देवता चित्त न धरई।
हनुमत सेई सर्व सुख करई॥35॥

अर्थ: आपकी सेवा करने से आपके भक्तों को सब सुख प्राप्त होते हैं, अन्य किसी देवता की पूजा करने की आवश्यकता नहीं रहती।

Meaning: By serving you, devotees get all the happiness in life, there is no need to worship any other deity after that.

संकट कटै मिटै सब पीरा।
जो सुमिरे हनुमत बलबीरा॥36॥

अर्थः हे महावीर हनुमानजी! जो भी आपका सुमिरन करता/करती है, उसके सब संकट कट जाते हैं और पीड़ाएं मिट जाती हैं।

Meaning: O Mahavir Hanumanji! Whoever takes refugee in you, all his troubles and pains of his life disappear.

**जय जय जय हनुमान गोसाईं।
कृपा करहु गुरुदेव की नाईं॥37॥**

अर्थः हे महावीर हनुमानजी! आपकी सदा जय हो, जय हो, जय हो। आप मुझ पर गुरु के समान कृपा करें।

Meaning: O Hanuman! You will always remain victorious, please bless me like a merciful Guru, who is full of compassion.

**यह सत बार पाठ कर कोई।
छूटहिं बन्दि महा सुख होई॥38॥**

अर्थः यदि आप नित्य सौ बार हनुमान चालीसा का पाठ करते हैं तो आप सांसारिक बंधनों से मुक्त होकर परमानंद को प्राप्त करते हैं।

Meaning: If you recite Hanuman Chalisa a hundred times daily, you become free from worldly woes and attain the supreme bliss.

जो यह पढ़े हनुमान चालीसा।
होय सिद्धि साखी गौरीसा॥39॥

अर्थ: गौरीपति भगवान शंकरजी साक्षी हैं कि जो यह हनुमान चालीसा पढ़ेगा, उसे निश्चय ही सिद्धि प्राप्त होंगी।

Meaning: Gauripati Lord Shankarji is a witness that whoever recites this Hanuman Chalisa has attained supreme bliss.

तुलसीदास सदा हरि चेरा।
कीजै नाथ हृदय महं डेरा॥40॥

अर्थ: हे मेरे नाथ हनुमानजी! तुलसीदास सदा ही श्रीरामचंद्र का दास है, इसलिए आप उनके हृदय में भी निवास करें।

Meaning: O my Lord Hanumanji! Tulsidas has always been a sincere devotee of Shri Ramchandra, so please reside in his heart of heart.

दोहा

पवन तनय संकट हरन, मंगल मूरति रूप।
राम लखन सीता सहित, हृदय बसहु सुर भूप॥

अर्थ: हे पवनपुत्र, आप संकटहारी और मंगल मूरत वाले हैं। आप राम-सीता और लक्ष्मण सहित मेरे हृदय में विराजिये।

Meaning: O son of the wind, you are the embodiment of virtues and auspiciousness, please be in my heart along with Ram, Sita and Lakshman.

उपकारिता: श्री हनुमान चालीसा का पाठ करने से भक्त की सभी मनोकामनाएं पूरी होती हैं। यह नकारात्मक ऊर्जा और बुरी आत्मा को दूर रखने में मदद करता है।

Benefits: By reciting Shri Hanuman Chalisa all the wishes of devotees are be fulfilled. It also helps in keeping away negative energy and evil spirits. It also enlightens the mind and sharpens the intellect.

गुरु मंत्र
(Hymn in salutation to Guru or Teacher)

अखण्डमण्डलाकारं व्याप्तं येन चराचरम्।
तत्पादं दर्शितं येन तस्मै श्रीगुरवे नमः॥

अर्थ: भगवान का रूप संपूर्ण है, जो हर स्थान पर अविभाज्य है, गतिमान (जीवित) और अचल (निर्जीव) दोनों ही अणुओं में व्याप्त हैं। गुरु, जिन्होंने ऐसे भगवान के चरण देखे हैं, ऐसे गुरु को प्रणाम है।

Meaning: The form of God is complete, indivisible everywhere, pervading both moving (living) and inert (non-living) molecules. Salutations to the Guru who has seen the feet of such a God.

उपकारिता: गुरु मंत्र में इतनी शक्ति है कि वह दुर्भाग्य को दूर कर सकता है और मनुष्य को सत–पथ पर ले जाता है।

Benefits: This powerful Guru mantra drives away misfortune. It can also take one on to the righteous path of knowledge and enlightenment of soul.

महामृत्युंजय मंत्र
(Hymn in praise of Lord Shiva)

त्र्यम्बकं यजामहे सुगन्धिं पुष्टिवर्धनम्।
उर्वारुकमिव बन्धनान्मृत्योर्मुक्षीय मामृतात्॥

अर्थ: हम तीन नेत्र वाले भगवान शिव की पूजा अर्चना करते हैं, भगवान शिव ही हर सांस में जीवन शक्ति का संचार करने के साथ-साथ सम्पूर्ण जगत का पालन-पोषण करते हैं। भगवान शिव से हमारी प्रार्थना है कि वह हमें मृत्यु रुपी बंधनों से मुक्त करें, जिससे हमें मोक्ष की प्राप्ति हो।

Meaning: We worship the three-eyed Lord Shiva, it is Lord Shiva who nourishes the entire world along with infusing life force in every breath. We pray the Lord for freedom from the bondage of lift and death, so that we can attain salvation.

उपकारिता: यदि कोई व्यक्ति भयमुक्त, रोगमुक्त जीवन चाहता है, तो उसे इस महामृत्युंजय मंत्र का जाप करना चाहिए।

Benefits: This 'Vanquisher of Death' mantra (hymn) frees one from fear, disease and death and helps to attain salvation.

ओंकार मंत्र
(Hymn in praise of Lord Shiva)

ओंकारं बिन्दुसंयुक्तं नित्यं ध्यायन्ति योगिनः।
कामदं मोक्षदं चौव ओंकाराय नमो नमः॥

अर्थः जो ओंकार के रूप में हृदय के आध्यात्मिक केंद्र में रहते हैं, जिनका योगी निरंतर ध्यान करते हैं, जो अपने अनुयायियों को मुक्ति भी प्रदान करते हैं, मैं ऐसे शिव को नमस्कार करता हूं, जिनमें 'ओम' शब्द समाहित है।

Meaning: Salutations to Lord Shiva, who resides in the spiritual center of the heart in the form of Omkaar, who is constantly meditated upon by yogis, who also grants liberation to his followers, in whom the word 'Om' is contained.

उपकारिताः यह शंकरजी को प्रसन्न करने और उनकी कृपा प्राप्त करने का सरल और अत्यंत प्रभावशाली मंत्र है।

Benefits: This incantation is an easy and effective way of pleasing Lord Shiva and obtaining his benevolence.

रुद्राष्टकम् (शिव स्तुति) मंत्र
(Eight hymns in praise of Lord Shiva)

नमामीशमीशान निर्वाणरूपं
विभुं व्यापकं ब्रह्मवेदस्वरूपं।
निजं निर्गुणं निर्विकल्पं निरीहं
चिदाकाशमाकाशवासं भजे हं॥1॥

अर्थः भगवान ईशान को मेरा प्रणाम है। ऐसे भगवान जो
निर्वाण रूप हैं, जो महान ओम के दाता हैं, जो संपूर्ण
ब्रह्मांड में व्याप्त हैं। जिनके सामने गुण-अवगुण का कोई
महत्त्व नहीं, जिनका कोई विकल्प नहीं, जो निष्पक्ष हैं
जिनका आकार आकाश के समान हैं और जिसे मापा
नहीं जा सकता, मैं उनकी उपासना करता हूं।

Meaning: My salutations to Lord Ishaan. Such
a God who is in the form of Nirvana, who is the
giver of the great Om, who pervades the entire
universe. I worship the Lord in front of whom
merits and demerits do not matter, who has no
alternative, who is impartial, whose vastness is like
the sky, which cannot be measured and quantified.

निराकारमोंकारमूलं तुरीयं गिरा
ग्यान गोतीतमीशं गिरीशं।
करालं महाकाल कालं कृपालं गुणागार संसारपारं
नतो हं॥2॥

अर्थः जिनका कोई आकार नहीं, जो ओंकार के मूल हैं, जिनका कोई राज्य नहीं, जो गिरि के वासी हैं, जो कि सभी ज्ञान, शब्द से परे हैं, जो केलाश के स्वामी हैं, जिनका रूप भयावह है, जो काल के स्वामी हैं, जो उदार एवं दयालु हैं, जो गुणों का खजाना हैं, मैं उनके सामने नतमस्तक होता हूं।

Meaning: I pray to the one, who has no form, who is the origin of Omkar, who has no kingdom, who is the lord of the mountains, who is beyond all knowledge, who is beyond words, who is the lord of Kailash, whose form is terrifying, who is the lord of time. I bow my head before Him who is generous and kind, who is a storehouse of virtues, who is beyond the entire world, all-encompassing.

तुषाराद्रि संकाश गौरं गम्भीरं।
मनोभूत कोटी प्रभा श्री शरीरं।
स्फुरन्मौलि कल्लोलिनी चारु गंगा।
लसद्भालबालेन्दु कंठे भुजंगा॥3॥

अर्थ: जो बर्फ के समान शील है, जिनका मुख सुंदर
है, जो गौर रंग के हैं जो गहन चिंतन में हैं, जो सभी
प्राणियों के मन में हैं, जिनका वैभव अपार हैं, जिनकी
देह सुंदर हैं, जिनके मस्तक पर तेज है, जिनकी जटाओं
में गंगा हैं, जिनके चमकते हुए मस्तक पर चांद हैं,
जिनके कंठ पर सर्प का वास है।

Meaning: Who is as pure as snow, whose face is
serene, who is of fair complexion, who is in deep
contemplation, who is in the mind of all living
beings, whose splendor is immense, whose body
is beautiful, whose head is radiant, whose locks
cradle the Ganga, who has the crescent moon
lodged on his forehead, and who has a snake
coiled around his neck.

चलत्कुण्डलं भ्रू सुनेत्रं विशालं
प्रसन्नाननं नीलकण्ठं दयालं।
मृगाधीशचर्माम्बरं मुण्डमालं
प्रियं शंकरं सर्वनाथं भजामि॥4॥

अर्थ: जिनके कानों में बालियां हैं, जिनकी सुन्दर भौंहें
और बड़ी-बड़ी आंखें हैं, जिनके चेहरे पर सुख का
भाव हैं, जिनके कंठ में विष का वास हैं, जो दयालु
हैं, जिनके वस्त्र बाघ चर्म हैं, जिनके गले में मुंडों की
माला हैं, ऐसे प्रिय शंकर पूरे संसार के नाथ हैं, उनको
मैं पूजता हूं।

Meaning: Who has earrings in his ears, who
has beautiful brows and large eyes, who has an
expression of tranquility on his face, who holds
poison in his throat, who is kind, who wears the
lion's skin, who has a garland of skulls around his
neck, such is the Shankar beloved by all. He is the
Lord of the entire world and I worship him.

प्रचण्ड़ प्रकृष्टं प्रगल्भं।
अखण्डं अजं भानुकोटिप्रकाशम्।
त्रयः शूल निर्मूलनं शूलपाणिं।
भजे हं भवानीपतिं भावगम्यं।।5।।
कलातीत कल्याण कल्पांतकारी।
सदासज्ज्नानन्ददाता पुरारी।।
चिदानन्द संदोह मोहापहारी।
प्रसीद प्रसीद प्रभो मन्मथारी।।6।।

अर्थः जो भयंकर हैं, जो परिपक्व साहसी हैं, जो श्रेष्ठ हैं, अखंड हैं, जो अजन्मेय हैं, जो सहस्र सूर्य के सामान प्रकाशवान हैं, जिनके पास त्रिशूल हैं, जिनका कोई मूल नहीं हैं और जिनमें किसी भी मूल का नाश करने की शक्ति है, ऐसे त्रिशूलधारी मां भगवती के पति, जो सिर्फ प्रेम से जीते जा सकते हैं, उन्हें मैं वंदन करता हूं।

Meaning: He who is fierce, who is mature and courageous, who is superior, who is undivided, who is all encompassing, who is as bright as a thousand suns, who has the power to destroy anything bad, such trident bearer is the husband of Maa Bhagwati. I salute Him.

न यावद् उमानाथ पादारविंदं।
भजंतीह लोके परे वा नराणां॥
न तावत्सुखं शान्ति सन्तापनाशं।
प्रसीद प्रभो सर्वभूताधिवासं॥7॥

अर्थः हे उमा के महादेव, जब तक आपका पूजन नहीं किया जाता है, तब तक इस दुनिया में या अगले जन्म में सुख, शांति या दुख से मुक्ति नहीं है। आप जो सब प्राणियों के हृदयों में निवास करते हैं, और जिसमें सब प्राणियों का अस्तिव है, मुझ पर दया करो, प्राणनाथ।

Meaning: O Mahadev Lord of Goddess Uma, unless you are worshipped, there is no happiness, peace or freedom from sorrow in this world or in the next. You who reside in the hearts of all beings, and in whom all beings that exist, be merciful to me.

न जानामि योगं जपं नैव पूजां।
नतो हं सदा सर्वदा शम्भु तुभयं॥
जराजन्म दु:खौघ तातप्यमानं।
प्रभो पाहि आपन्मामीश शंभो॥8॥

अर्थः योग, प्रार्थना या कर्मकांड मैं नहीं जानता, लेकिन हर जगह और हर पल मैं आपको नमन करता/करती हूं, शंभू! मेरे भगवान, मेरी रक्षा करो, मैं दुखी और पीड़ित हूं। जन्म वृद्धावस्था और मृत्यु के कष्टों से घिरा/घिरी हूं।

Meaning: I don't know yoga, prayer or rituals, but everywhere and every moment I bow to you, Shambhu! My Lord, protect me as I am surrounded with the sufferings of birth, old age and death.

रुद्राष्टकमिदं प्रोक्तं विप्रेण हरतोषये।
ये पठन्ति नरा भक्तया तेषां शम्भुः प्रसीदति॥9॥

अर्थ: भगवान रुद्र का यह अष्टकम् सर्वोच्च भगवान शिव की पूजा के लिए है। जो व्यक्ति भगवान शिव अष्टकम् का जाप/पाठ करता/करती है, वे उससे प्रसन्न रहते हैं।

Meaning: This Ashtakam (eight hymns) of Lord Rudra (Shiva) is for the worship of Supreme Lord Shiva. The Lord is pleased with the person who chants/recites Lord Shiva Ashtakam.

(इति श्री गोस्वामी तुलसीदास कृत श्रीरुद्राष्टक संपूर्णम्)

उपकारिता: भगवान शिव को प्रसन्न करने के लिए यह रुद्राष्टक बहुत लाभकरी सिद्ध होता है। भोलेनाथ अपने भक्तों की सभी मनोकामनाएं पूरी करते हैं।

Benefits: Recitation of these mantra (hymns) dispels darkness of mind, helps to overcome all the shortcomings of life, it enlightens the mind and soul.

कर्पूरगौरं श्लोक
(Hymn in praise of Lord Shiva)

कर्पूरगौरं करुणावतारं संसारसारं भुजगेन्द्रहारम्।
सदा वसन्तं हृदयारविन्दे भवं भवानीसहितं नमामि॥

अर्थ: जो कर्पूर के समान गौर वर्ण वाले, करुणा के अवतार और संसार के सार हैं जो अपने गले में भुजंगों (सर्पों) का हार धारण करते हैं, वे भगवान शिव माता भवानी सहित मेरे हृदय में सदैव निवास करें और उन्हें मेरा नमन है।

Meaning: May Lord Shiva always reside in my heart of heart along with Mata Bhavani, who is fair in complexion like camphor, is the embodiment of compassion, is the essence of the world and wears the necklace of arms around his neck and I salute him.

उपकारिता: इस मंत्र के बिना पूजा अधूरी मानी जाती है, आरती के बाद इस मंत्र का जाप जरूर करें। इसके जाप से भगवान शिव प्रसन्न होते हैं, और भक्त की मनोकामना पूरी करते हैं।

Benefits: Prayer is considered incomplete without this hymn, by reciting this hymn after arati, one pleases Lord Shiva who in return fulfills all that one desires in life.

द्वादश ज्योतिर्लिंग स्तोत्र

(Hymns to pay obeisance to Lord Shiva)

सौराष्ट्रे सोमनाथं च श्री शैले मल्लिकार्जुनं।
ॐ उज्जयिन्यां महाकालं ओमकारं ममलेश्वरं॥
परल्यां वैद्यनाथं च डाकिन्यां भीमशंकरं।
सेतुबंधे तू रामेशं नागेशं दारुकावने॥
वाराणस्यां तू विश्वेशं त्र्यंबकं गौतमी तटे।
हिमालये तू केदारं धृष्णेशं तू शिवालये॥
एतानि ज्योतिर्लिंगानि सायं प्रातः पठेन्नरः।
सप्तजन्म कृतं पापं स्मरणेन विनश्यति॥

अर्थः सौराष्ट्र में सोमनाथ, श्री शैलम में मल्लिकार्जुन, उज्जैन में महाकाल, ओंकारेश्वर में ममलेश्वर (अमलेश्वर), परली में वैद्यनाथ, डाकिनी नामक क्षेत्र में भीमशंकर, सेतुबंध पर रामेश्वर, दारूकावन में श्री नागेश्वर, वाराणसी में काशी विश्वनाथ, गोदावरी तट पर (गौतमी) त्र्यंबकेश्वर, हिमालय में केदारनाथ, शिवालय में धृष्णेश्वर का स्मरण करें। जो मनुष्य इस स्तोत्र का सायंकाल-प्रातःकाल स्मरण करता/करती है, उसके सात जन्मों के पापों का विनाश हो जाता है। साथ ही जो भक्त बारह ज्योतिर्लिंगों की यात्रा करने में असमर्थ हो, फिर भी इस स्तोत्र के पठन-मात्र से वह द्वादश ज्योतिर्लिंग के दर्शन का फल प्राप्त करता/करती है।

Meaning: By invoking the twelve Jyotirlingas Somnath in Saurashtra, Mallikarjuna in Sri Shailam, Mahakal in Ujjain, Mamleshwar (Amaleshwar) in Omkareshwar, Vaidyanath in Parli, Bhimshankar in the area called Dakini, Rameshwar on Setubandh, Shri Nageshwar in Darukavan, Kashi Vishwanath in Varanasi, on the banks of Godavari (Gautami). Trimbakeshwar, Kedarnath in the Himalayas, Dhrishneshwar in Shivalaya. The person who recites this stotra every morning and evening, his sins of seven births lives are washed away. Also, even if a devotee is unable to visit the twelve Jyotirlingas, he/she gets the benefits of seeing the twelve Jyotirlings just by reciting this stotra.

उपकारिता: द्वादश ज्योतिर्लिंग स्तोत्र का पाठ करने से मृत्यु का भय नहीं रहता है और साथ ही व्यक्ति को जीवन में धन-धान्य का सुख मिलता है।

Benefits: Reciting the twelve Jyotirlingas names hymns, fear of death is removed from the mind and one is showered with wealth and prosperity.

गौरी मंत्र

(Hymn in praise of Goddess Gauri or Durga)

सर्व मंगल मांगल्ये शिवे सर्वार्थ साधिके।
शरण्येत्र्यम्बके गौरी नारायणि नमोस्तुते॥

अर्थ: जो सभी देवी-देवताओं में श्रेष्ठ हैं, मंगलमय हैं, जो भगवान शिव की अर्धांगिनी हैं, जो सभी इच्छाओं को पूरा करने वाली हैं, ऐसी मां भगवती को नमस्कार करता/करती हूं।

Meaning: I salute Mother Bhagwati (Gauri or Durga) who is the greatest among all the Gods and Goddesses, who is auspicious and who is the better half of Lord Shiva, who fulfills all the desires.

उपकारिता: अमंगल टालने के लिए और मंगल कामाना करने के लिए इस मंत्र का जाप करना चाहिए।

Benefits: This invocation to the Mother Goddess removes all the hurdles of life and brings immense happiness and peace in life.

शक्ति

(Hymn in praise of Goddess Durga as the primal energy)

या देवी सर्वभूतेषु शक्तिरूपेण संस्थिता।
नमस्तस्यै नमस्तस्यै नमस्तस्यै नमो नमः॥

अर्थ: जो देवी सब प्राणियों में शक्ति के रूप में विद्यमान हैं, उनको नमस्कार है, नमस्कार है और बारंबार नमस्कार है।

Meaning: The Goddess who is present in the form of primal energy in all living beings, Salutation to her, again and again.

मातृ (माता)

(Hymn in praise of Goddess Durga as a mother)

या देवी सर्वभूतेषु मातृरूपेण संस्थिता।
नमस्तस्यै नमस्तस्यै नमस्तस्यै नमो नमः॥

अर्थ: जो देवी सभी प्राणियों में माता के रूप में विद्यमान हैं, उनको नमस्कार है, नमस्कार है और बारंबार नमस्कार है।

Meaning: Salutations to the Goddess who exists as a mother within all living beings.

दया

(Hymns in praise of
Goddess Durga who is kind to all)

या देवी सर्वभूतेषु दयारूपेण संस्थिता।
नमस्तस्यै नमस्तस्यै नमस्तस्यै नमो नमः॥

अर्थः जो देवी सब प्राणियों में दया के रूप में विद्यमान हैं,
उनको नमस्कार है, नमस्कार है और बारंबार नमस्कार है।

Meaning: Salutations to the Goddess who is
present in the form of mercy and kindness among
all living beings.

बुद्धि

(Hymn in praise of Goddess Durga as intellect)

या देवी सर्वभूतेषु बुद्धिरूपेण संस्थिता।
नमस्तस्यै नमस्तस्यै नमस्तस्यै नमो नमः॥

अर्थः जो देवी सभी प्राणियों में बुद्धि के रूप में
विद्यमान हैं, उनको नमस्कार है, नमस्कार है और बारंबार
नमस्कार है—आपको मेरा बार-बार प्रणाम है।

Meaning: I pay my respects again and again to
the Goddess who is omnipresent in the form of
intellect in all living beings.

विद्या

(Hymn in praise of Goddess Durga as knowledge)

या देवी सर्वभूतेषु विद्यारूपेण संस्थिता।
नमस्तस्यै नमस्तस्यै नमस्तस्यै नमो नमः॥

अर्थ: जो देवी सब प्राणियों में विद्या के रूप में विराजमान हैं, उनको नमस्कार है, नमस्कार है और बारंबार नमस्कार है। मैं आपको बारंबार प्रणाम करता/ करती हूं।

Meaning: The Goddess who is present in all living beings in the form of Vidya/knowledge, I bow to her again and again.

उपकारिता: देवी स्तोत्र का नियमित जाप सभी बुराइयों से मुक्त करता है और जीवन में समृद्धि लाता है। नवरात्रि में ये मंत्र विशेष फलदायी होते हैं।

Benefits: Regular chanting of Devi Stotra liberates from all form all evils, brings prosperity in life. These hymns are sung/recited, especially during Navratri.)

नवदुर्गा स्तोत्र

(Hymns in praise of Nine incarnation of Goddess Durga for Navratra)

प्रथमं शैलपुत्री च द्वितीयं ब्रह्मचारिणी।
तृतीयं चन्द्रघंटेति कूष्माण्डेति चतुर्थकम्॥
पंचमं स्कन्दमातेति षष्ठं कात्यायनीति च।
सप्तमं कालरात्रीति महागौरीतिचाष्टमम्॥
नवमं सिद्धिदात्री च नवदुर्गाः प्रकीर्तिताः।
उक्तान्येतानि नामानि ब्रह्मणैव महात्मनाः॥

अर्थः पहले दिन माता को शैलपुत्री, दूसरे दिन ब्रह्मचारिणी, तीसरे दिन चंद्रघंटा, चौथे दिन कूष्मांडा, पांचवें दिन स्कंधमाता, छठे दिन कात्यायिनी, सातवें दिन कालरात्रि, आठवें दिन महागौरी और नौवें दिन सिद्धिदात्री के रूप मे पूजा जाता है। ये माता दुर्गा के नौ अलग-अलग रूप हैं।

Meaning: Mother is worshipped as Shailputri on the first day, Brahmacharini on the second day, Chandraghanta on the third day, Kushmanda on the fourth day, Skandha Mata on the fifth day, Katyayini on the sixth day, Kalratri on the seventh day, Mahagauri on the eighth day and Siddhidatri beauty on the ninth day. These are the nine different incarnation of Devi (goddess) Durga.

उपकारिता: नवरात्रि के अलग-अलग 9 दिनों में अलग-अलग देवियों की पूजा करने से 9 अलग-अलग फल की प्राप्ति होती है। ऐसा माना जाता है।

Benefits: Worshipping the nine goddesses on the nine different days of Navratri brings about nine varied benefits like fame, intellect, wealth and good health.

अर्गला (दुर्गा) स्तोत्र

(Hymns in the praise of
Devi Argala or Durga)

ॐ नमश्चण्डिकायै॥

[मार्कण्डेय उवाच]

अर्थ: चंडिका देवी को नमस्कार है।

ॐ जयन्ती मंगला काली भद्रकाली कपालिनी।
दुर्गा क्षमा शिवा धात्री स्वाहा स्वधा नमोऽस्तु ते॥1॥

अर्थ: जयंती (सबसे उत्कृष्ट एवं विजयशालिनी),
मंगला (अपने भक्तों के जन्म-मरण आदि सांसारिक
बंधन को दूर करने वाली मोक्षदायिनी मंगलमयी देवी),
काली (प्रलयकाल में संपूर्ण सृष्टि को अपना ग्रास बना
लेने वाली), भद्रकाली (अपने भक्तों के लिए ही भद्र
अथवा मंगल स्वीकार करने वाली), कपालिनी (हाथ
में कपाल तथा गले में मुंडमाला धारण करने वाली),
दुर्गा (कर्म एवं उपासनारूपी दु:साध्य साधन से प्राप्त
होने वाली), क्षमा (अत्यंत करुणामय स्वभाव होने के
कारण अपने भक्तों के सारे अपराध क्षमा करने वाली),
शिवा (सबका कल्याण करने वाली), धात्री (सम्पूर्ण
प्रपंच को धारण करने वाली), स्वाहा (स्वाहारूपी से
यज्ञभाग ग्रहण करके देवताओं का पोषण करने वाली)

और स्वधा (स्वधारूपी से श्राद्ध और तर्पण को स्वीकार करके पितरों का पोषण करने वाली)—इन नामों से प्रसिद्ध जगदंबिके, आपको मेरा नमस्कार है।

Meaning: Jayanti (the most excellent and victorious), Mangala (the auspicious goddess who gives salvation to her devotees by removing all the bondages of birth and death), Kali (who devours the entire creation in the time of doomsday), Bhadrakali (good for her devotees only or one who accepts auspiciousness), Kapalini (one who holds a skull in her hand and a garland of the same around her neck), Durga (one who achieves difficult things in the form of work and worship), Kshama (one who forgives all the sins of her devotees due to her extremely compassionate nature). Shiva (one who does welfare to all), Dhatri (one who holds the entire world), Swaha (one who nourishes the gods by taking part in the yagya in the form of Swaha) and Swadha (one who nourishes the ancestors by accepting oblations in the form of Swaha), Jagdambike, who is known by all the above names, my greetings to you.

जय त्वं देवी चामुण्डे जय भूतार्तिहारिणि।
जय सर्वगते देवी कालरात्रि नमोऽस्तु ते॥2॥

अर्थ: देवी चामुंडे! आपकी जय हो। संपूर्ण प्राणियों की पीड़ा हरने वाली देवी! आपकी जय हो। सबमें व्याप्त रहने वाली देवी आपकी जय हो। कालरात्रि आपको नमस्कार है।

Meaning: Goddess Chamunde! The goddess who removes the pain and sufferings of all living beings! Glory be to you. Salutations to the goddess who pervades everything. Salutations to you Kalratri, the one who dispels darkness.

मधुकेटभविद्राविविधातृवरदे नमः।
रूपं देहि जयं देहि यशो देहि द्विषो जहि॥3॥

अर्थ: मधु और केटभ को मारने वाली तथा ब्रह्माजी को वरदान देने वाली देवी, आपको नमस्कार है। आप मुझे रूप दें, जय दें, यश दें और काम-क्रोध आदि को वश करने की क्षमता दें।

Meaning: Salutations to you, the goddess who killed the demons Madhu and Kaitabh and gave boon to Brahma. Give me a good looks, victory, fame and help me to destroy vices like lust, anger etc.

महिषासुरनिर्णाशि भक्तानां सुखदे नमः।
रूपं देहि जयं देहि यशो देहि द्विषो जहि॥4॥

अर्थ: महिषासुर का नाश करने वाली तथा भक्तों को सुख देने वाली देवी! आपको नमस्कार है। आप मुझे

रूप दें, जय दें, यश दें और काम-क्रोध आदि पर विजय दें।

Meaning: The goddess who destroys Mahishasura and gives happiness to her devotees! Salutations to you. Give me good looks, give me victory, give me fame and help me overcome lust, anger etc.

रक्तबीजवधे देवी चंडमुंडविनाशिनि।
रूपं देहि जयं देहि यशो देहि द्विषो जहि॥5॥

अर्थः रक्तबीज का वध और चंड-मुंड का विनाश करने वाली देवी! आप मुझे रूप दें, जय दें, यश दें और काम-क्रोध आदि पर विजय दें।

Meaning: The goddess who killed the demon Raktabeej and destroys Chand-Munda! Give me beauty, good looks, victory, fame and help me overcome lust, anger etc.

शुम्भस्यैव निशुम्भस्य धूम्राक्षस्य च मर्दिनि।
रूपं देहि जयं देहि यशो देहि द्विषो जहि॥6॥

अर्थः शुंभ और निशुंभ तथा धूम्रलोचन का मर्दन करने वाली देवी! आप मुझे रूप दें, जय दें, यश दें और काम-क्रोध आदि पर विजय दें।

Meaning: The goddess who kills demons like Shumbha, Nishumbha and Dhumralochan! Give me good looks, give me victory, give me fame and help me overcome lust, anger etc.

वन्दितांग्रियुगे देवी सर्वसौभाग्यदायिनि।
रूपं देहि जयं देहि यशो देहि द्विषो जहि॥7॥

अर्थ: सबके द्वारा पूजित तथा संपूर्ण सौभाग्य प्रदान करने वाली देवी! आप मुझे रूप दें, जय दें, यश दें और काम-क्रोध आदि पर विजय दें।

Meaning: The goddess who is worshipped by all and who bestows complete good fortune! Give me good looks, victory, fame and help me overcome lust, anger etc.

अचिन्त्यरूपचरिते सर्वशत्रुविनाशिनि।
रूपं देहि जयं देहि यशो देहि द्विषो जहि॥8॥

अर्थ: देवी! आपके रूप और चरित्र अचिंत्य हैं। आप समस्त शत्रुओं का नाश करने वाली हैं। आप मुझे रूप दें, जय दें, यश दें और काम-क्रोध आदि पर विजय प्रदान करें।

Meaning: Goddess! Your appearance and character are unimaginable. You are the destroyer of all enemies. Give me good looks, victory, fame and help me overcome lust, anger etc.

नतेभ्यः सर्वदा भक्त्या चंडिके दुरितापहे।
रूपं देहि जयं देहि यशो देहि द्विषो जहि॥9॥

अर्थः पापों को दूर करने वाली चंडिके! जो भक्तिपूर्वक
आपके चरणों में सर्वदा मस्तक झुकाते हैं, आप उन्हें
रूप दें, जय दें, यश दें और काम-क्रोध आदि पर विजय
प्रदान करें।

Meaning: O destroyer of sins, Chandike give
beauty, victory, fame to those who always bow
their heads at your feet with devotion and help me
overcome lust, anger etc.

स्तुवद्भ्यो भक्तिपूर्वं त्वां चंडिके व्याधिनाशिनि।
रूपं देहि जयं देहि यशो देहि द्विषो जहि॥10॥

अर्थः रोगों का नाश करने वाली चंडिके! जो भक्तिपूर्वक
आपकी स्तुति करते हैं, उन्हें रूप दें, जय दें, यश दें
और काम-क्रोध आदि पर विजय प्रदान करें।

Meaning: O Goddess Chandika, the destroyer
of diseases! Give victory, beauty, fame to those
who worships you with devotion and help me
overcome lust, anger etc.

चण्डिके सततं ये त्वामर्चयन्तीह भक्तितः।
रूपं देहि जयं देहि यशो देहि द्विषो जहि॥11॥

अर्थ: चंडिके! इस संसार में जो भक्तिपूर्वक आपकी पूजा करते हैं, उन्हें रूप दें, जय दें, यश दें और काम-क्रोध आदि पर विजय प्रदान करें।

Meaning: O Goddess Chandika! Give beauty, victory, fame to those who worship you with devotion in this world and help me overcome lust, anger etc.

देहि सौभाग्यमारोग्यं देहि मे परमं सुखम्।
रूपं देहि जयं देहि यशो देहि द्विषो जहि॥12॥

अर्थ: हे देवी, मुझे सौभाग्य और आरोग्य दें, परम सुख दें, रूप दें, जय दें, यश दें और काम-क्रोध आदि मेरे शत्रुओं का नाश करें।

Meaning: Give me good fortune and health. Give me ultimate happiness, give me good looks, give me victory, give me fame and help me overcome lust, anger etc.

विधेहि द्विषतां नाशं विधेहि बलमुच्चकै:।
रूपं देहि जयं देहि यशो देहि द्विषो जहि॥13॥

अर्थ: हे देवी, जो मुझसे द्वेष रखते हों, उनका नाश और मेरे बल की वृद्धि करें। मुझे रूप दें, जय दें, यश दें और काम-क्रोध आदि पर विजय प्रदान करें।

Meaning: Destroy those who abhor me and please give me strength. Give me good looks, give me victory, give me fame and help me overcome lust, anger etc.

विधेहि देवी कल्याणं विधेहि परमां श्रियम्। रूपं देहि जयं देहि यशो देहि द्विषो जहि॥14॥

अर्थ: देवी! मेरा कल्याण करें। मुझे उत्तम संपत्ति प्रदान करें–रूप दें, जय दें, यश दें और काम-क्रोध आदि पर विजय प्रदान करें।

Meaning: Goddess! Ensure my welfare, give me wealth and good health. Give me beauty, give me victory, give me fame and help me overcome lust, anger etc.

सुरासुरशिरोरत्ननिघृष्टचरणेऽम्बिके। रूपं देहि जयं देहि यशो देहि द्विषो जहि॥15॥

अर्थ: अम्बिके! देवता और असुर दोनों ही अपने माथे के मुकुट की मणियों को आपके चरणों पर अर्पित करते हैं। आप मुझे रूप दें, जय दें, यश दें और काम-क्रोध आदि पर विजय प्रदान करें।

Meaning: O Goddess Ambika! Both gods and demons place the jewels of their crown at your feet. Give good looks, give victory, give fame and help me overcome lust, anger etc.

विद्यावन्तं यशस्वन्तं लक्ष्मीवन्तं जनं कुरु।
रूपं देहि जयं देहि यशो देहि द्विषो जहि॥16॥

अर्थ: आप अपने भक्तजन को विद्वान, यशस्वी और लक्ष्मीवान बनाएं तथा उन्हें रूप दें, जय दें, यश दें और काम-क्रोध आदि पर विजय प्रदान करें।

Meaning: Make your devotee learned, famous and rich and give him good looks, victory, fame and help me overcome lust, anger etc.

प्रचण्डदैत्यदर्पघ्ने चंडिके प्रणताय मे।
रूपं देहि जयं देहि यशो देहि द्विषो जहि॥17॥

अर्थ: प्रचंड दैत्यों के दर्प का दलन करने वाली चंडिके! मुझ शरणागत को आप रूप दें, जय दें, यश दें और काम-क्रोध आदि पर विजय प्रदान करें।

Meaning: O Goddess Chandika, who crushes the arrogance of fierce demons! Gives good looks to who surrenders, give me victory, give me fame and help me overcome lust, anger etc.

चतुर्भुजे चतुर्वक्त्रसंस्तुते परमेश्वरि।
रूपं देहि जयं देहि यशो देहि द्विषो जहि॥18॥

अर्थ: चतुर्मुख ब्रह्माजी द्वारा प्रशंसित चार भुजाधारिणी परमेश्वरी! आप मुझे रूप दें, जय दें, यश दें और काम-क्रोध आदि पर विजय प्रदान करें।

Meaning: The four-armed Supreme Goddess who is praised by the four visaged Brahma! Give me beauty, give me victory, give me fame and help me overcome lust, anger etc.

कृष्णेन संस्तुते देवी शश्वद्भक्त्या सदाम्बिके।
रूपं देहि जयं देहि यशो देहि द्विषो जहि॥19॥

अर्थ: हे अम्बिके! भगवान विष्णु नित्य-निरंतर भक्तिपूर्वक आपकी स्तुति करते हैं। आप मुझे रूप दें, जय दें, यश दें और काम-क्रोध आदि पर विजय प्रदान करें।

Meaning: O Goddess Ambika! Who Lord Vishnu praises with devotion daily. Give me good looks, victory, fame and help me overcome lust, anger etc.

हिमाचलसुतानाथसंस्तुते परमेश्वरि।
रूपं देहि जयं देहि यशो देहि द्विषो जहि॥20॥

अर्थ: हे हिमालय कन्या पार्वती के पति महादेव के द्वारा प्रशंसित होने वाली परमेश्वरी! आप मुझे रूप दें, जय दें, यश दें और काम-क्रोध आदि पर विजय प्रदान करें।

Meaning: The Supreme Goddess who is praised by Mahadev, the husband of the daughter of Himalaya, Parvati! Give me good looks, victory, fame and help me overcome lust, anger etc.

इन्द्राणीपतिसद्भावपूजिते परमेश्वरि।
रूपं देहि जयं देहि यशो देहि द्विषो जहि॥21॥

अर्थ: शचीपति इंद्र के द्वारा सद्भाव से पूजित होने वाली परमेश्वरी! आप मुझे रूप दें, जय दें, यश दें और काम-क्रोध आदि पर विजय प्रदान करें।

Meaning: The Supreme Goddess who is worshipped with full devotion by Indra the Lord of Sachi! Give me beauty, victory, fame and help me overcome lust, anger etc.

देवी प्रचंडदोर्दंडदैत्यदर्पविनाशिनि।
रूपं देहि जयं देहि यशो देहि द्विषो जहि॥22॥

अर्थ: हे प्रचंड भुजदंडों वाले दैत्यों का घमंड चूर करने वाली देवी! आप मुझे रूप दें, जय दें, यश दें और काम-क्रोध आदि पर विजय प्रदान करें।

Meaning: The goddess who shatters the pride of demons with fierce arms and clubs! Give me beauty, victory, fame and help me overcome lust, anger etc.

देवी भक्तजनोद्दामदत्तानन्दोदयेऽम्बिके।
रूपं देहि जयं देहि यशो देहि द्विषो जहि॥23॥

अर्थ: हे देवी अम्बिके! आप अपने भक्तजनों को सदा असीम आनंद प्रदान करती रहती हैं। आप मुझे रूप दें, जय दें, यश दें और काम–क्रोध आदि पर विजय प्रदान करें।

Meaning: Goddess Ambika! You who always provide immense happiness to your devotees. Give me good looks, give me victory, give me fame and help me overcome lust, anger etc.

पत्नीं मनोरमां देहि मनोवृत्तानुसारिणीम्।
तारिणीं दुर्गसंसारसागरस्य कुलोद्भवाम्॥24॥

अर्थ: हे देवी! आप मुझे मन की इच्छा के अनुसार चलने वाली सुशील पत्नी प्रदान करें, जो दुर्गम संसार सागर से तारने वाली तथा उत्तम कुल में उत्पन्न हुई हो।

Meaning: Bless me with a pleasing and obedient wife, who can save me from the worldly woes and who is also from a good family background too.

इदं स्तोत्रं पठित्वा तु महास्तोत्रं पठेन्नरः।
स तु सप्तशतीसंख्यावरमाप्नोति सम्पदाम्॥25॥

अर्थ: जो मनुष्य इस अर्गला स्तोत्र का पाठ करके सप्तशती रूपी महास्तोत्र का पाठ करता है, वह सप्तशती

की जपसंख्या से मिलने वाले श्रेष्ठ फल को प्राप्त करता है। इसके साथ ही वह प्रचुर सम्पत्ति भी प्राप्त कर लेता है।

Meaning: The person who recites this Argala Stotra and recites the Mahastotra in the praise of Saptashati, gets the best results from chanting Saptashati. He also acquires abundant wealth and happiness in life.

॥ अर्गला स्तोत्र सम्पूर्ण॥

उपकारिता: मनुष्य जिन-जिन कार्यों की अभिलाषा करता है, वे सभी कार्य अर्गला स्तोत्र के जाप-मात्र से पूरे हो जाते हैं।

Benefits: Reciting the Argala stotra one achieves all he/she desires in life, e.g. wealth, happiness, inner-strength, good-health and sharp intellect.

श्री भवानी अष्टकम्

(Hymns in the praise of
Goddess Bhawani or Durga)

न तातो न माता न बन्धुर्नदाता
न पुत्रो न पुत्री न भृत्यो न भर्ता।
न जाया न विद्या न वृत्तिर्ममैव
गतिस्त्वं गतिस्त्वं त्वमेका भवानि॥1॥

अर्थ: हे भवानी! पिता, माता, भाई, बहन, दाता, पुत्र, पुत्री, सेवक, स्वामी, पत्नी, विद्या और व्यापार–इनमें से कोई भी मेरा नहीं है, हे भवानी मां! एकमात्र आपसे ही मेरी गति है, मैं केवल आपकी शरण में हूं।

Meaning: Hey Goddess Bhavani! Father, mother, brothers and sisters, benefactor, son, daughter, servant, master, wife, knowledge and business, none of these are mine, O Mother Goddess! You alone can lead me to salvation, I take refuge in you only.

भवाब्धावपारे महादु:खभीरु:
पपात प्रकामी प्रलोभी प्रमत्त:।
कुसंसार-पाश-प्रबद्ध: सदाहं
गतिस्त्वं गतिस्त्वं त्वमेका भवानि॥2॥

अर्थ: हे भवानी मां, मैं जन्म-मरण के इस अपार भवसागर में पड़ा हुआ हूं, भवसागर के महान दुःखों से भयभीत हूं। मैं पाप, लोभ और कामनाओं से भरा हुआ हूं तथा घृणायोग्य संसार के बंधनों में बंधा हुआ हूं। हे भवानी! मैं केवल आपकी शरण में हूं, अब एकमात्र आपसे ही मेरी गति हो सकती है।

Meaning: O Mother Bhavani, I am stuck in this immense ocean of birth and death, I am scared of all the sorrows of this ocean of life. I am full of sin, greed and desires and am bound in the bonds of the hateful world. Hey Bhavani! I take refuge only in you, now you are my only saviour.

न जानामि दानं न च ध्यानयोगं
न जानामि तंत्रं न च स्तोत्र-मन्त्रम्।
न जानामि पूजां न च न्यासयोगं
गतिस्त्वं गतिस्त्वं त्वमेका भवानि॥3॥

अर्थ: हे भवानी! मैं न तो दान देना जानता हूं और न ध्यानयोग मार्ग का ही मुझे पता है। तंत्र, मंत्र और स्तोत्र का भी मुझे ज्ञान नहीं है। पूजा तथा न्यास योग आदि की क्रियाओं को भी मैं नहीं जानता हूं। हे देवी! हे मां भवानी! अब एकमात्र आपसे ही मेरी गति हो सकती है, मुझे केवल आपका ही सहारा है।

Meaning: Hey Bhavani! I neither know how to donate nor do I know the path of meditation. I don't even have knowledge of Tantra, Mantra and Stotra. I don't even know the rituals of puja and nyasa yoga etc. I take refuge only in you as you are my only saviour.

न जानामि पुण्यं न जानामि तीर्थं
न जानामि मुक्तिं लयं वा कदाचित्।
न जानामि भक्तिं व्रतं वापि मात-
र्गतिस्त्वं गतिस्त्वं त्वमेका भवानि॥4॥

अर्थ: हे भवानी! मैं न पुण्य जानता हूं, न ही तीर्थों को। मुझे न मुक्ति का पता है और न लय का हे। मां भवानी! भक्ति और व्रत का भी मुझे ज्ञान नहीं है। हे भवानी! एकमात्र आपसे ही मेरी गति हो सकती है। अब केवल आप ही मेरा सहारा हैं।

Meaning: O Mother Bhavani! I neither know virtue, nor pilgrimages, nor salvation, nor rhythm. Hey Maa Bhavani! I don't even have knowledge of devotion and fasting. Hey Bhavani! You are my only refuge and you are my only saviour.

कुकर्मी कुसंगी कुबुद्धिः कुदासः
कुलाचारहीनः कदाचारलीनः।
कुदृष्टिः कुवाक्यप्रबन्धः सदाहम्
गतिस्त्वं गतिस्त्वं त्वमेका भवानि॥5॥

अर्थ: मैं कुकर्मी, कुसंगी, कुबुद्धि, कुदास और नीच कार्यों में ही लगा रहता हूं। मैं दुराचारपरायण, कुदृष्टि रखने वाला और सदा दुर्वचन बोलने वाला हूं। हे भवानी! मुझ अधम की एकमात्र आपसे ही गति हो सकती है। मुझे केवल आपका ही सहारा है।

Meaning: I am an evil-doer, foolish, evil-servant and evil-looking and always speaking bad words. Hey Bhavani! You are only refuge for my lowly-self.

प्रजेशं रमेशं महेशं सुरेशं
दिनेशं निशीथेश्वरं वा कदाचित्।
न जानामि चान्यत् सदाऽहं शरण्ये
गतिस्त्वं गतिस्त्वं त्वमेका भवानि॥6॥

अर्थ: हे मां भवानी! मैं ब्रह्मा, विष्णु, शिव, इंद्र को नहीं जानता। सूर्य, चंद्रमा तथा अन्य देवताओं को भी नहीं जानता। हे शरण देनेवाली मां भवानी! आप ही मेरा सहारा हैं। मैं केवल आपकी शरण में हूं, एकमात्र आपसे ही मेरी गति हो सकती है।

Meaning: Oh Mother Bhavani! I do not know Brahma, Vishnu, Shiva and Indra. I even don't know the Sun, Moon and other gods. Oh Mother Bhavani you only can give me shelter! You are my only support, I have only refuge in you.

विवादे विषादे प्रमादे प्रवासे
जले चानले पर्वते शत्रुमध्ये।
अरण्ये शरण्ये सदा मां प्रपाहि
गतिस्त्वं गतिस्त्वं त्वमेका भवानि॥7॥

अर्थ: हे भवानी! आप विवाद में, विषाद में, प्रमाद में, प्रवास में, जल में, अग्नि में, पर्वतों में, शत्रुओं से और वनों में सदा ही मेरी रक्षा करें। हे भवानी मां! मुझे केवल आपका ही आश्रय है। एकमात्र आपसे ही मेरी गति हो सकती है।

Meaning: Hey Bhavani! You always protect me in disputes, sadness, carelessness, migration, water, fire, mountains, enemies and forests, O Mother Goddess! You are my only support, I have only refuge in you.

अनाथो दरिद्रो जरा-रोगयुक्तो
महाक्षीणदीन: सदा जाड्यवक्त्र:।
विपत्तौ प्रविष्ट: प्रणष्ट: सदाहं
गतिस्त्वं गतिस्त्वं त्वमेका भवानि॥8॥

अर्थ: हे माता! मैं सदा से ही अनाथ, दरिद्र, जरा-जीर्ण, रोगी हूं। मैं अत्यंत दुर्बल, दीन, गूंगा, विपत्तियों से घिरा रहने वाला हूं। अत: हे भवानी मां! अब आपसे ही एकमात्र मेरी गति हो सकती है। मैं केवल आपकी ही शरण हूं।

Meaning: Hey mother! I have always been helpless, poor, old and sick. I am extremely weak, destitute, dumb and surrounded by troubles. So, O Mother Bhavani! Now you are my only support and, I take refuge in you only.

॥ इति श्रीमच्छंकराचार्यकृतं भवान्यष्टकं सम्पूर्णम्॥

उपकारिता: भवानी अष्टकम् के नियमित जाप से मन को शांति मिलती है और आपके जीवन से सभी प्रकार की बुराइयां दूर होती है। आप स्वस्थ, धनवान और समृद्ध बनते हैं।

Benefits: Regular chanting of Bhavani Ashtakam gives peace of mind and removes all kinds of hurdles from our lives and makes us healthy, wealthy and prosperous.

स्वस्तिवाचन मंत्र
(Hymn for World Peace)

स्वस्ति न इन्द्रो वृद्धश्रवाः स्वस्ति नः पूषा विश्ववेदाः।
स्वस्ति नस्ताक्ष्र्यो अरिष्टनेमिः स्वस्ति नो बृहस्पतिर्दधातु॥

अर्थः ऐश्वर्यशाली इंद्र हमारा कल्याण करें, सबके पोषणकर्ता पूषा (सूर्य) हमारा कल्याण करें। जिनकी चक्रधारा के समान गति को कोई रोक नहीं सकता, वे गरुड़देव हमारा कल्याण करें। वेदवाणी के सर्व बृहस्पति सर्व कल्याण करें।

Meaning: May the glorious Indra of great fame do good to us, may Pusha (Sun) who has the knowledge about the whole world and is aware of all things, the nurturer of all, do good to us. May Garurdev, whose speed like the Chakradhara no one can stop, bless us. May Jupiter, the lord of Vedavani, bless us all.

उपकारिताः स्वस्तिवाचन मंत्र का जाप किसी भी पूजा के प्रारंभ में किया जाना चाहिए। इससे सभी तरह के पूजन दोष दूर हो जाते हैं। यह मंत्र मन को एकाग्र करता है।

Benefits: This hymn is chanted prior to the worship so that any shortcoming in the process may be countered. It also helps in concentration.

श्रीकृष्ण श्लोक
(Hymns in the praise of Lord Krishna)

भज गोविन्दं भज गोविन्दं,
गोविन्दं भज मूढ़मते।
संप्राप्ते सन्निहिते काले,
न हि न हि रक्षति डुकृष्णकरणे॥1॥

अर्थः हे मोह से ग्रसित बुद्धि वाले मनुष्य! गोविंद को भजो, गोविंद का नाम लो, गोविंद से प्रेम करो, क्योंकि मृत्यु के समय व्याकरण के नियम याद रखने से आपकी रक्षा नहीं हो सकती।

Meaning: O man of intellect afflicted with attachment! Worship Govinda, take the name of Govinda, love Govinda, because remembering the rules of grammar cannot save you at the time of death.

उपकारिताः श्रीकृष्ण मानव जाति के रक्षक हैं, इसलिए इस मंत्र का जाप करने से कठिन समय में उपासकों को शक्ति मिलती है।

Benefits: Shri Krishna is the protector of mankind, hence chanting this hymn gives strength to the worshipers in difficult times.

श्रीकृष्ण श्लोक
(Hymn in the praise of Lord Shri Krishna)

मूकं करोति वाचालं पंगुं लंघयते गिरिं।
यत्कृपा तमहं वन्दे परमानंद माधवम्॥

अर्थः श्रीकृष्ण की कृपा से जो गूंगे हैं, वे भी बोलने लगते हैं, जो लंगड़े हैं, वे पहाड़ों को भी पार कर लेते हैं। उन परम आनंद स्वरूप माधव की मैं वंदना करता/ करती हूं।

Meaning: By the grace of Shri Krishna, even those who are dumb start speaking, those who are lame can even cross mountains. I worship that supreme blissful person Madhava.

उपकारिताः इस श्लोक का जाप करने से पापों का नाश होता है। कल्याण और परमानंद की प्राप्ति होती है।

Benefits: Chanting this verse destroys all the sins and one attain complete happiness and bliss in life. This is chanted to please Lord Shri Krishna.

गोविंद जागरण मंत्र
(Hymn to evoke Lord Krishna)

उत्तिष्ठोत्तिष्ठ गोविंदो, उत्तिष्ठो गरुड़ध्वज।
उत्तिष्ठो कमलाकांत, जगताम मंगलम कुरु॥

अर्थ: हे गोविंद, उठिए। हे गरुड़ध्वज उठिए। हे कमलकांत निद्रा का त्याग कर तीनों लोकों का मंगल कीजिए।

Meaning: Hey Govind, O Garudadhwaja, arise! O lotus flower, give up sleep and bless all the three worlds, who are waiting eagerly for your blessings.

उपकारिता: देवप्रबोधिनी एकादशी के दिन भगवान को जगाने के लिए इस मंत्र का जाप करना चाहिए।

Benefits: This Krishna mantra (hymn to evoke Lord Krishna) should be chanted to awaken God on the day of Devprabodhini Ekadashi.

श्रीराधा मंत्र
(Hymn in praise of Radha)

नमस्ते परमेशानि रासमण्डलवासिनी।
रासेश्वरि नमस्तेऽस्तु कृष्ण प्राणाधिकप्रिये॥

अर्थः रासमंडल में निवास करने वाली हे परमेश्वरी!
आपको नमस्कार है। श्रीकृष्ण को प्राणों से भी अधिक
प्रिय हे रासेश्वरी आपको मेरा नमस्कार है।

Meaning: O Supreme Goddess who resides in
Rasmandal! Greetings to you. O Raseshwari, you
are dearer to Shri Krishna than his life. I bow to
you.

उपकारिता: शास्त्रों में राधारानी को माता लक्ष्मी का
स्वरूप बताया गया है। इस आराधना मंत्र का जाप करने
से श्रीकृष्ण प्रसन्न होते हैं।

Benefits: In the scriptures, Radharani has been
described as one of the form of Mother Goddess
Lakshmi. Shri Krishna is pleased, when someone
chants this hymn.

विष्णु आराधना मंत्र
(Hymn in praise of Lord Vishnu)

शुक्लाम्बरधरं विष्णुं शशिवर्णं चतुर्भुजम्।
प्रसन्नवदनं ध्यायेत् सर्वविघ्नोपशान्तये॥

अर्थ: हम भगवान श्री विष्णु का ध्यान करते हैं, जिन्होंने श्वेत वस्त्र धारण किए हैं, जो सर्वव्यापी हैं, जो चंद्रमा की भांति प्रकाशवान् हैं, जिनके चार हाथ हैं, जिनका चेहरा सदा करुणा से भरा हुआ और तेजमय है, जो समस्त बाधाओं से हमारी रक्षा करते हैं।

Meaning: We meditate on the white clad Lord Shri Vishnu, who is omnipresent, who is as bright as the moon, who has four hands, whose face is always full of compassion and radiance, who removes all obstacles. We face in our lives.

उपकारिता: शांति, समृद्धि और शुभता का आशीर्वाद पाने के लिए इस मंत्र का जाप किया जाता है।

Benefits: This prayer brings about peace, prosperity, auspiciousness and bounty.

विष्णु मंत्र (विवाह मंत्र)
(Hymn in salutation to Lord Vishnu)

मंगलम् भगवान् विष्णुःमंगलम् गरुडध्वजः।
मंगलम् पुण्डरीकाक्षः मंगलाय तनो हरिः॥

अर्थः भगवान विष्णु मंगल स्वरूप हैं, गरुड़ वाहन वाले मंगल स्वरूप हैं, कमल के समान नेत्र वाले मंगल स्वरूप हैं, हरि मंगल के भंडार हैं। जो मंगलमय हैं, शुभ हैं–वह हमारा कल्याण करें।

Meaning: Lord Vishnu is auspicious, the one with Garuda as vehicle is auspicious, the one with eyes like a lotus is auspicious, Hari is auspicious to all.

उपकारिता: प्रत्येक शुभ कार्य आरंभ करने से पूर्व इस मंत्र का जाप किया जाता है। विशेष रूप से विवाह आदि के समय इस मंत्र का जाप अवश्य किया जाता है।

Benefits: This invocation of Lord Vishnu is chanted at the beginning of auspicious task, especially marriage and it removes all hurdles from the path. Daily chanting of this mantra brings about peace of mind and also enlightens mind and soul.

विष्णु मंत्र

(Hymn in praise of Lord Vishnu)

शान्ताकारं भुजगशयनं पद्मनाभं सुरेशं
विश्वाधारं गगनसदृशं मेघवर्ण शुभांगम्।
लक्ष्मीकान्तं कमलनयनं योगिभिर्ध्यानगम्यम्।
वन्दे विष्णुं भवभयहरं सर्वलोकैकनाथम्।।

अर्थः जिनकी छवि शांत है, वे जो धीर-गंभीर हैं, जो शेषनाग की शैया पर शयन किए हुए हैं, जिनकी नाभि में कमल है, जो संपूर्ण जगत के आधार हैं, संपूर्ण विश्व जिनकी रचना है, जो आकाश के समान विशाल हैं, नीलमेघ के समान जिनका वर्ण है, जो अति मनभावन हैं, ऐसे लक्ष्मीपति कमलनयन और जो योगियों द्वारा ध्यान करके प्राप्त किये जाते हैं, जो समस्त भयों का नाश करने वाले हैं, जो सम्पूर्ण लोकों के स्वामी हैं, उन्हें मेरा प्रणाम।

Meaning: I bow to the Lord who is tranquil and composed, who sleeps on the coils of the divine Seshnag, from whose navel the lotus blooms, who is the creator of the universe, who is vast as the sky, who is cloud hued, lotus eyed Lord of Lakshmi, attainable through meditation by the yogis, the destroyer of fear, Lord of the universe.

उपकारिता: यह मंत्र दिव्य आनंद प्रदान करता है। मन को पुलकित करता है।

Benefits: This prayer brings divine joy, enlightens mind and soul.

नारायण मंत्र

(Hymn in praise of Lord Narayana or Vishnu)

कायेन वाचा मनसेंद्रियैर्वा।
बुद्ध्यात्मना वा प्रकृतिस्वभावात्॥
करोमि यद्यत् सकलं परस्मै।
नारायणायेति समर्पयामि द्यद्य॥

अर्थ: हे नारायण, मैं अपने तन, वचन, मन, इंद्रियों, बुद्धि
और आत्मा से जो भी घटित हो रहा है, वह मैं आपको
समर्पित करता/करती हूं।

Meaning: O Narayana, whatever is happening
with my body, speech, mind, senses, intellect and
soul, I dedicate that to you.

उपकारिता: इस मंत्र का जाप स्वास्थ्य और धन को
बढ़ाता है। मन की एकाग्रता बढ़ता है।

Benefits: This brings about health and prosperity
in the household and improves concentration.

नवग्रह स्तोत्र
(Hymns in the praise of Nine Deity)

सूर्य स्तोत्र
(Obeisance to Sun God)

जपाकुसुम संकाशं काश्यपेयं महद्द्युतिम्।
तमोरिंसर्वपापघ्नं प्रणतोऽस्मि दिवाकरम्॥1॥

अर्थ: जपा के फूल की तरह जिनकी कांति है, कश्यप से जो उत्पन्न हुए हैं, अंधकार जिनका शत्रु है, जो सब पापों को नष्ट कर देते हैं, उन सूर्य भगवान को मैं प्रणाम करता/करती हूं।

Meaning: I bow to the Sun God, who shines like the Japa flower, who was born from sage Kashyap, whose enemy is darkness, who destroys all sins.

चंद्र स्तोत्र
(Obeisance to Moon God)

दधिशंखतुषाराभं क्षीरोदार्णव संभवम्।
नमामि शशिनं सोमं शंभोर्मुकुट भूषणम्॥2॥

अर्थ: दही, शंख अथवा हिम के समान जिनकी दीप्ति है, जिनकी उत्पत्ति क्षीर-समुद्र से है, जो शिवजी के मुकुट पर अलंकार की तरह विराजमान रहते हैं, मैं उन चंद्रदेव को प्रणाम करता/करती हूं।

Meaning: I pay my obeisance to the moon God who shines like the hue of curd, conch shell or snow, who originates from the ocean of milk, who sits like an ornament on Lord Shiva's crown.

मंगल स्तोत्र

(Obeisance to Mangal God)

धरणीगर्भ संभूतं विद्युत्कांति समप्रभम्।
कुमारं शक्तिहस्तं तं मंगलं प्रणाम्यहम्॥3॥

अर्थः पृथ्वी के उदर से जिनकी उत्पत्ति हुई है, विद्युत्पुंज के समान जिनकी प्रभा है, जो हाथों में शक्ति धारण किए रहते हैं, उन मंगलदेव को मैं प्रणाम करता/करती हूं।

Meaning: I bow to the auspicious God who originated from the womb of the earth, whose light is like a beam of lightning, who holds power in his hands.

बुध स्तोत्र

(Obeisance to God Budh/Mercury)

प्रियंगु कलिकाश्यामं रूपेणाप्रतिमं बुधम्।
सौम्यं सौम्यगुणोपेतं तं बुधं प्रणमाम्यहम्॥4॥

अर्थः प्रियंगु की कली की तरह जिनका श्याम वर्ण है, जिनके रूप की कोई उपमा नहीं है, उन सौम्य और गुणों से यक्त बुध को मैं प्रणाम करता/करती हूं।

Meaning: I bow to Mercury, who is dark in complexion like the bud of Priyangu, whose form has no comparison, who is gentle and full of virtues.

गुरु स्तोत्र
(Obeisance to Guru or the Teacher)

देवानांच ऋषीनांच गुरुं कांचन सन्निभम्।
बुद्धिभूतं त्रिलोकेशं तं नमामि बृहस्पतिम्॥5॥

अर्थ: जो देवताओं और ऋषियों के गुरु हैं, कंचन के समान जिनकी प्रभा है, जो बुद्धि के अखंड भंडार और तीनों लोकों के प्रभु हैं, उन बृहस्पति को मैं प्रणाम करता/करती हूं।

Meaning: I pay my respects to Vrihaspati, who is the guru (teacher) of the gods and sages, who has a glow like that of gold, who is an perennial source of wisdom and the Lord of the three worlds.

शुक्र स्तोत्र
(Obeisance to Guru Sukracharya)

हिमकुंद मृणालाभं दैत्यानां परमं गुरुम्।
सर्वशास्त्र प्रवक्तारं भार्गवं प्रणमाम्यहम्॥6॥

अर्थ: तुषार, कुन्द अथवा मृणाल के समान जिनकी आभा है, जो दैत्यों के परम गुरु हैं, उन सब शास्त्रों

के अद्वितीय वक्ता शुक्राचार्य को मैं प्रणाम करता/करती हूं।

Meaning: I pay my respects to Guru Shukracharya, the unique speaker of all those scriptures, who has the aura like snow, pool of lotus Mrinal, who is the ultimate guru of the asuras.

शनि स्तोत्र
(Obeisance to God Shani)

नीलांजन समाभासं रविपुत्रं यमाग्रजम्।
छायामार्तंड संभूतं तं नमामि शनैश्चरम्॥7॥

अर्थ: नीले अंजन (स्याही) के समान जिनकी दीप्ति है, जो सूर्य भगवान के पुत्र तथा यमराज के बड़े भ्राता भी हैं, सूर्य की छाया से जिनकी उत्पत्ति हुई है, उन शनि देवता को मैं प्रणाम करता/करती हूं।

Meaning: I pay my respects to the Shanishchara deity, whose radiance is like blue ink, who is the son of the Sun God and also the elder brother of Yamaraj, who was born from the shadow of the Sun.

राहु स्तोत्र
(Obeisance to God Rahu)

अर्धकायं महावीर्यं चंद्रादित्य विमर्दनम्।
सिंहिकागर्भसंभूतं तं राहुं प्रणमाम्यहम्॥8॥

अर्थ: जिनका केवल आधा शरीर है, जिनमें महान पराक्रम है, जो चंद्र और सूर्य को भी परास्त कर देते हैं, सिंहिका के गर्भ से जिनकी उत्पत्ति हुई है, उन राहु देवता को मैं प्रणाम करता/करती हूं।

Meaning: I bow to the Rahu deity who has only half the body, who has great valor, who defeats even the moon and the sun, who was born from the womb of a lioness.

केतु स्तोत्र
(Obeisance to Ketu)

पलाश पुष्प संकाशं तारकाग्रह मस्तकम्।
रौद्रंरौद्रात्मकं घोरं तं केतुं प्रणमाम्यहम्॥9॥

अर्थ: पलाश के फूल की तरह जिनकी लाल दीप्ति है, जो समस्त तारकाओं में श्रेष्ठ हैं, जो स्वयं रौद्र रूप धारी हैं, ऐसे घोर रूपधारी केतु को मैं प्रणाम करता/करती हूं।

Meaning: I bow to Ketu who is red hued like the Palash flower, who is the best among all the stars, who himself is fierce in nature.

फलश्रुति

इति श्रीव्यासमुखोग्दीतम् यः पठेत् सुसमाहितः।
दिवा वा यदि वा रात्रौ विघ्न शांतिर्भविष्यति॥10॥

अर्थः श्रीव्यास जी के मुख से निकले हुए इस स्तोत्र का जो दिन या रात्रि के समय पाठ करता/करती है, उसकी सारी विघ्न-बाधाएं समाप्त हो जाती हैं।

Meaning: Whoever recites this stotra emanating from the lips of Shri Vyas during the day or night, all his/her obstacles are dissipated.

उपकारिताः व्यक्ति की कुंडली के अनुसार चुना गया नवग्रह मंत्र उक्त ग्रह के सकारात्मक प्रभावों को मजबूत करने और नकारात्मक प्रभावों को कम करने में मदद करता है। नवग्रह दोषों को दूर करने और जीवन में शांति और खुशी प्राप्त करने में मदद करता है।

Benefits: The reciting of this hymn as per one's sun sign will enhance the positive effects of the planetary influence and reduce the negative effects. These hymns remove the negative influence of the planets and leads to peace and prosperity in life.

नववर्ष प्रार्थना मंत्र

(Hymn to be chanted in eve of New Year)

सूर्य संवेदना पुष्पेः दीप्ति कारुण्यगंधने।
लब्ध्वा शुभम् नववर्षेअस्मिन् कुर्यात्सर्वस्य मंगलम्॥

अर्थः जिस प्रकार सूर्य प्रकाश देता है, फूल देता है, संवेदना का भाव देता है, उसी तरह यह आने वाला नववर्ष हमें हर पल ज्ञान दे और हमारा आने वाला हर पल मंगलमय हो।

Meaning: Just as the sun gives light, gives flowers, gives a feeling of sympathy, in the same way, may this coming new year enlighten our every moments and may the every coming moment be auspicious to all.

उपकारिताः नवसंवत्सर या नववर्ष के अवसर पर इस शुभकामना मंत्र का जाप करना फलदायी होता है।

Benefits: Chanting of this hymn in the eve of New Year, enlightens one's self, and it fills the life with prosperity and joy.

नैवेद्य मंत्र
(Hymn for making offering to God)

त्वदीयं वस्तु गोविन्द तुभ्यमेव समर्पये।
गृहाण सम्मुखो भूत्वा प्रसीद परमेश्वर॥

अर्थ: हे गोविंद, आपका ही सब दिया हुआ है, जो आपको ही समर्पित कर रहे हैं। हे परमेश्वर, आपके सामने जो भी है, उसे प्रसन्नता से ग्रहण करें।

Meaning: O Govinda, O Supreme Lord, What we are dedicating to you is given by you only. whatever is in front of you, please accept it with joy.

उपकारिता: भगवान को भोग लगाते समय इस मंत्र का जाप करना शुभ होता है।

Benefits: It is auspicious to chant this naivedya mantra while offering food to God. This pleases the god, who in return, showers the worshiper with boon of prosperous life.

प्रातःस्मरणीय मंत्र
(Hymn to be chanted in the Morning)

प्रातःस्मरामि हृदि संस्फुरदात्मतत्त्वं
सच्चित्सुखं परमहंसगतिं तुरीयम्।
यत्स्वप्नजागरसुषुप्तिमवैति नित्यं
तद्ब्रह्म निष्कलमहं न च भूतसंघः॥

अर्थः मैं प्रातःकाल हृदय के आत्मतत्व का ध्यान करता/करती हूं, जो सच्चिदानंद है और जो स्वप्न, निद्रा और जाग्रत—तीनों अवस्थाओं से विलक्षण है। वह ब्रह्म ही मैं हूं, मैं पांच तत्त्वों का शरीर नहीं हूं।

Meaning: In the morning, I remember the essence of the soul, which is the bliss of consciousness, which is the form of truth, consciousness and bliss, is the attainable place of Paramahamsa and is unique from the three states of the dream, deep sleep and waking state continuously. I am that spiritless Brahma, I am not the body formed out of the five elements.

उपकारिताः प्रातःकाल इस मंत्र के जाप से बुद्धि को प्रखर बनाया जा सकता है। मन की एकार्गता बढ़ती है।

Benefits: Chanting this prayer sharpens the intellect, increases the concentration of mind.

प्रातःस्मरणीय मंत्र
(Hymn to be chanted in Morning)

कराग्रे वसते लक्ष्मीः करमध्ये सरस्वती।
करमूले तु गोविन्दः प्रभाते करदर्शनम्॥

अर्थः हथेली के अग्र भाग में माता लक्ष्मी का निवास है, मध्य भाग में माता सरस्वती का और हथेली के मूल भाग में भगवान गोविंद निवास करते हैं, इसलिए प्रातःकाल अपने दोनों हथेलियों का दर्शन करना चाहिए।

Meaning: Goddess Lakshmi resides in the front part of the palm, goddess Saraswati resides in the middle part and Lord Govind resides in the root part of the palm, hence one should see both the palms in the morning.

उपकारिता: सुबह सवेरे जागते ही बिस्तर पर इस मंत्र का जाप करें। इससे सौभाग्य में वृद्धि होती है।

Benefits: Reciting this prayer in the morning, as one awakens, leads to good fortune.

सायं स्मरणीय मंत्र
(Hymn to be chanted in the Dusk)

शुभं करोति कल्याणमारोग्यं धनसंपदा।
शत्रुबुद्धिविनाशाय दीपज्योतिर्नमोऽस्तुते॥

अर्थ: दीपक के प्रकाश को मैं नमन करता/करती हूं, जो वातावरण में शुभता, स्वास्थ्य और समृद्धि लाता है। जो वातावरण और मन से अनैतिक भावनाओं व नकारात्मक शक्ति को नष्ट करता है। इस दीपक को जलाने से सभी शत्रु भाव का नाश होता हो।

Meaning: I salute the light of the lamp which brings auspiciousness, health and prosperity in the environment, which destroys immoral emotions and negative forces from the environment and mind. By lighting this lamp all ill feelings will be destroyed.

उपकारिता: इस मंत्र के जाप से जीवन के अज्ञान और अंधकार को मिटाया जा सकता है।

Benefits: This incantation dispels darkness and ignorance, enlightens the mind and thinking.

गंगा स्तुति मंत्र
(Hymn in praise of Ganga)

नमामि गंगे तव पादपंकजं
सुरसुरैर्वन्दितदिव्यरूपम्।
भुक्तिं च मुक्तिं च ददासि नित्यम्
भावानुसारेण सदा नराणाम्॥

अर्थ: हे गंगा! मैं देव व दैत्यों द्वारा पूजित आपके दिव्य पादपद्मों को प्रणाम करता/करती हूं। आप मनुष्यों को सदा उनके भावानुसार भोग एवं मोक्ष प्रदान करती हैं।

Meaning: Hey Ganga! I bow at your divine feet worshiped by gods and demons irrespectively. Your perennial source of water is the cause of life on earth, by taking a dip in your stream people get salvation.

उपकारिता: गंगा स्तुति मात्र का जाप करने से घर में शांति और समृद्धि आती है और जीवन में सफलता प्राप्त होती है।

Benefits: Praying Ganga brings peace and prosperity to home. Mind and soul get purified.

पंच कन्या श्लोक

(Hymn in praise of Five Divine Ladies/Women)

अहल्या द्रौपदी सीता तारा मंदोदरी तथा।
पंचकन्या स्मरेन्नित्यं महापातकनशनम्॥

अर्थ: हम पांच देवियों अहिल्या, द्रौपदी, सीता, तारा और मंदोदरी को नियमित रूप से याद करें, क्योंकि उनका चरित्र पापों और बुरी भावनाओं से छुटकारा पाने की शक्ति प्रदान कर सकता है।

Meaning: We should evoke five divine ladies Ahilya, Draupadi, Sita, Tara and Mandodari regularly as their stories provide us the power to get rid of sins and ill feelings.

उपकारिता: प्रात:काल इन पांच कन्याओं का नाम स्मरण करने से मनुष्य के समस्त पाप नष्ट हो जाते हैं।

Benefits: It is said that by evoking these five divine women in the morning, one's mind gets purified and he/she can start the day with new zeal and positive energy.

क्षमायाचना मंत्र
(Hymn to seek Forgiveness)

आवाहनं न जानामि न जानामि विसर्जनम्।
पूजां चौव न जानामि क्षमस्व परमेश्वर।।
मंत्रहीनं क्रियाहीनं भक्तिहीनं जनार्दन।
यत्पूजितं मया देव। परिपूर्ण तदस्तु मे।।

अर्थः हे ईश्वर, मैं आपका आह्वान करना यानी आपको बुलाना नहीं जानता और न विसर्जन अर्थात् न ही आपको विदा करना जानता हूं। मुझे आपकी पूजा करनी भी नहीं आती है। कृपा करकें मुझे क्षमा करें। मुझे न मंत्र का ज्ञान है और न ही क्रिया का, मैं तो आपकी भक्ति करना भी नहीं जानता। यथासंभव पूजा कर रहा हूं। मेरी भूल को क्षमा कर दें और पूजा को पूर्णता प्रदान करें। मैं भक्त हूं मुझसे गलती हो सकती है। हे ईश्वर! मुझे क्षमा कर दें। मेरे अहंकार को दूर कर दें। मैं आपकी शरण में हूं।

Meaning: O God, I do not know your invocation, nor do I know how to immerse you, nor do I know how to bid you farewell, I do not even know how to worship you. Please forgive me. I neither have knowledge of hymns nor of rituals, I don't even know how to worship you. I am doing the puja as best as I can, please forgive me for my mistakes and make the puja complete. I am a devotee, I can make mistakes, please forgive me O God. Take away my ego. I take refuge in you.

उपकारिता: जब हम यह मंत्र बोलते हुए ईश्वर से अपनी त्रुटियों के लिए क्षमा मांग लेते हैं तब पूजा संपूर्ण मानी जाती है।

Benefits: When we seek forgiveness from God for our mistakes and recite this mantra, then the worship is considered complete and almighty forgives all our wrong doings.

संगठन मंत्र
(Hymn for the welfare of the Society/Community Living)

संगच्छध्वं संवदध्वं सं वो मनांसि जानताम्।
देवा भागं यथा पूर्वे संजाना उपासते॥

अर्थ: हम सब एक साथ चलें, एक साथ बोलें और हमारे मन एक हों। प्राचीनकाल में देवताओं का ऐसा आचरण रहा, इसी कारण वे वंदनीय हैं।

Meaning: Let us all go together; speak together; May our minds be united. This was the trait of the gods in ancient times, that is why they are venerable.

उपकारिता: इस मंत्र का निरंतर जाप करने से समुदाय और संगठन में परस्पर सहयोग की भावना में वृद्धि होती है।

Benefits: This mantra promotes the feeling of mutual cooperation in the community and organization and in the world.

* * *